Editoração Eletrônica, Impressão e Acabamento:
JURISMESTRE: Ambiente para um Apoio Acadêmico, Científico e Metodológico
www.jurismestre.com.br
contato@jurismestre.com.br

FICHA CATALOGRÁFICA
Bibliotecária: Alice Tacão Wagner - CRB 7/RJ 4316

S487c
Serrano, Pablo Jiménez.
Curso de espanhol jurídico: espanhol para estudantes de direito e juristas brasileiros. [livro eletrônico] / Pablo Jiménez Serrano. – Rio de Janeiro: Jurismestre, 2015.

117 p. : Il.

ISBN 978-85-918923-3-4

1. Direito. 2. Espanhol jurídico – curso. I. Título.

CDD – 340

Ao meu pai ALFREDO e à minha mãe,
CRISTINA,
pelo afeto e carinho.

Aos meus filhos,
tesouros e presentes de Deus.

Pablo Jiménez Serrano

Graduação em Direito pela Universidade do Oriente, Cuba (1983), Mestrado em Epistemologia da Política e do Direito pela Universidade São Judas Tadeu (2005) e Doutorado em Direito pela Universidade do Oriente, Cuba (1996), diploma revalidado (RECONHECIDO), de acordo com os documentos constantes do Processo n. 2000.1.4694.1.7 pela Universidade de São Paulo - USP/SP (02 de agosto de 2004). Cursou o Programa de Doutorado: Metodologia Fontes e Instituições Jurídicas da Universidade de Alicante, Espanha. Professor e pesquisador do Centro Universitário Salesiano de São Paulo, Unisal, Lorena. Professor e pesquisador do Centro Universitário de Volta Redonda, UniFOA. Professor e pesquisador do Centro Universitário de Barra Mansa, UBM. Tem experiência na área de Direito, com ênfase em Direito Civil e Direito do Consumidor, atuando principalmente nos seguintes temas: 1 Metodologia do Ensino e da Pesquisa Jurídica; 2 Hermenêutica e Interpretação Jurídica; 3 Filosofia do Direito. 4 Ética Pública e Empresarial; 4 Teoria do Direito etc. É autor de várias monografias, artigos e livros.

Sumário

Apresentação

O conhecimento da língua espanhola é de extrema necessidade "social e profissional". Contudo, diversos advogados, escritórios jurídicos e IES brasileiras têm recorrido à contratação de professores para organizar cursos de espanhol, objetivando a formação que legitima um exercício profissional mais especializado.

Entre os diversos motivos que estimulam a aprendizagem do Espanhol em Brasil, destacamos as seguintes:

Primeiro, a perspectiva de integração latino-americana e o amplo campo de relações sociais, econômicas e jurídicas que o MERCOSUL e a Comunidade Econômica Européia abrem para América Latina e, especialmente, para o Brasil. Perspectiva de integração, prescrita no parágrafo único do artigo 4º da Constituição da República Federativa do Brasil, promulgada em 5.10.1988.

> A República Federativa do Brasil buscará a integração econômica, política, social e cultural dos povos da América Latina, visando à formação de uma comunidade latino-americana de nações.

Segundo, o Brasil está cercado de países hispano-falantes o que faz com que a comunidade brasileira esteja mais ligada, pela sua cultura e tradição histórica, a outros povos vizinhos, sendo os idiomas (português e espanhol), junto às decisões políticas e às normas jurídicas, os únicos obstáculos para a integração latino-americana (realidade geográfica).

Terceiro, na área jurídica, o Espanhol constitui-se numa ferramenta de trabalho fundamental e indispensável que permite aos operadores do direito o uso, compreensão, interpretação de textos jurídicos e a confrontação do Direito nacional em face do estrangeiro.

Quarto, o conhecimento do tecnicismo do Espanhol Jurídico garante um desempenho teórico-prático eficiente aos operadores do Direito: advogados, juízes, árbitros, diplomatas. Eis que a compreensão e solução dos problemas e litígios jurídicos internacionais precisam do conhecimento, interpretação e aplicação do Direito estrangeiro.

Todavia, o estudo da língua espanhola permite aos estudantes e profissionais: a) o conhecimento do significado dos termos mais usados no Direito hispano-americano para serem aplicados às diversas situações da teoria e da prática jurídica; b) a compreensão da similitude que existe entre a terminologia jurídica espanhola e portuguesa; c) o desenvolvimento da capacidade para falar, ler, compreender e interpretar textos jurídicos redigidos em espanhol.

Observando os motivos acima listados, decidimos ministrar o presente curso objetivando o desenvolvimento de habilidades para a pesquisa e a comunicação oral e escrita, preparando o aluno para enfrentar, com êxito, os diversos testes de proficiência para cursos de mestrado e doutorado.

Por meio das diferentes Unidades e Lições orienta-se a compreensão teórica (histórica, doutrinária e comparativa) e prática (interpretação e integração) do Direito. Assim, orienta-se a tradução e o resumo de textos e privilegia-se a melhor forma de trabalhar: compreender e interpretar doutrinas e normas jurídicas.

Pablo Jiménez Serrano
São Paulo, 20 de fevereiro de 2015

PRIMERA PARTE:
MORFOLOGÍA Y GRAMÁTICA

UNIDAD 1. PRONOMBRES: LENGUAJE COMÚN Y JURÍDICO

Definimos el pronombre como la palabra que sustituye al nombre (sustantivo), que sirve para simplificar una expresión y evitar repeticiones en los textos.

- Clasificación de los pronombres:

a) personales;
b) posesivos;
c) demostrativos;
ch) relativos;
d) indefinidos;
e) interrogativos; y
f) numerales.

LECCIÓN 1. LOS PRONOMBRES PERSONALES

1. Los pronombres personales

Son usados para sustituir los nombres de las personas. Ejemplos:

Yo, se refiere al sujeto que habla; ***tú***, se refiere al sujeto que escuche; ***él, ella, ellos, nosotros, vosotros, ustedes,*** se refieren a tercera o terceras personas.

2. Los pronombres personales en el contexto jurídico.

El legislador elabora la norma jurídica para todos los ciudadanos. Así, generalmente, las reglas de derecho se refieren a determinados grupos de personas que están vinculadas por un oficio o actividad, por ejemplo: *funcionarios públicos, partes contratantes, vendedores, propietarios,* etc.

3. Procedimiento interpretativo.

Durante el proceso de interpretación, explicación y aplicación (integración) de las reglas jurídicas, es legítimo desarrollar el siguiente raciocinio:

"*El deudor que paga tiene derecho a que se le entregue recibo. Si el pago es por la totalidad de la deuda, tiene derecho, además, a la entrega o la cancelación del título de obligación*".

– ¿Quién tiene derecho a que se le entregue recibo?
– Él, el deudor, el deudor que paga.
– Condición causal (hipótesis de hecho o de derecho): Ser deudor y efectuar el pago.
– Consecuencia: Derecho a recibir recibo por lo pagado.

De esta forma resultarían las siguientes situaciones:

PRONOMBRES	PREMISA MENOR	CONCLUSIÓN
Yo	*soy deudor*	*tengo derecho a ...*
Tú	*eres deudor (a)*	*tienes derecho a ...*
Usted/Él/Ella	*es deudor (a)*	*Tiene derecho a ...*
Nosotros	*somos deudores*	*Tenemos derecho a ...*
Ustedes/Ellos/as	*son deudores (as)*	*Tienen derecho a ...*

4. Resumen gramatical.

A – Conociendo el alfabeto

A – a (a)	B – b (be)	C – c (ce)	CH – ch (che)	D – d (de)
E – e (e)	F – f (efe)	G – g (ge)	H – h (hache)	I – i (i)
J – j (jota)	K – k (ka)	L – l (ele)	LL – ll (elle)	M – m (eme)
N – n (ene)	Ñ – ñ (eñe)	O – o (o)	P – p (pe)	Q – q (ku)
R – r (ere)	RR – rr (erre)	S – s (ese)	T – t (te)	U – u (u)
V – v (uve)	W – w (uve doble)	X – x (ekis)	Y – y (i griega)	Z – z (zeta)

B – Conociendo los signos de puntuación

(.) *punto*: nos referimos a la pausa final de cada oración o párrafo.
(,) *coma*: nos referimos a la pausa que por necesidad existe entre algunas oraciones.
(:) *dos puntos*: signo que precede a una enumeración explicativa o separan grupos de enunciados o clasificación que a continuación se expone.
(;) *punto y coma*: ayuda a indicar que la pausa precedida de descenso en el tono no supone el fin de la oración, sino un descanso.
(?) *interrogación*: signo que expresa interrogación (preguntas).
(!) *admiración*: signo que indica entonación afectiva (sorpresa, alegría, exclamación o curiosidad).
(...) *puntos suspensivos*: indican pausa inesperada o conclusión vaga y voluntaria de una frase.
( ) *paréntesis*: para frases intercaladas.
[ ] *corchete*: para destacar frases o palabras.
("") *comillas*: para frases reproducidas (citación directa) o tomadas de otros idiomas.
(') *acento ortográfico*: acento que destaca donde cae la fuerza de pronunciación de ciertas palabras.

C – Pronombres personales.

Yo – usted (señor, señora) – tú (vos) – él – ella – nosotros – ustedes (vosotros) – ellos – ellas

EJERCICIOS PRÁCTICOS

I. CONTEXTO ORDINARIO

«Texto de lectura»

Un viaje necesario

Raúl Jiménez Gómez, abogado y profesor de una Universidad brasileña, pretende viajar a Cuba con el objetivo de ejecutar las siguientes actividades:

Primero: Organizar una reunión de negocios con varios directores, ingenieros, arquitectos, asesores y notarios de diferentes empresas;

Segundo: Visitar una determinada entidad que se dedica a la compra y venta de autos;

Tercero: Establecer una demanda de divorcio contra su legítima esposa;

Cuarto: Visitar la Facultad de Derecho de la Universidad de Oriente, en Santiago de Cuba.

En el aeropuerto, Raúl conoce a Silvia Montero González, también abogada y de 30 años de edad. Raúl y Silvia, coincidentemente, tienen el mismo destino (...).

1.1 Fase Oral

- Conociendo la terminología

A- Palabras

abogado	edad	necesidad	reunión
asesor	estudios	negocio	superación
Derecho	Facultad	notario	universidad
director	juez	profesor	viaje

B- Verbos

comprar	establecer	pretender	visitar
conocer	estudiar	querer	vender
contactar	iniciar	ser	
desear	necesitar	tener	
estar	organizar	viajar	

- Comprensión del texto (explicación estructural)

A – Escuche, examine, confirme y construya la frase usando el pronombre personal adecuado.

B – Escuche, deduzca y construya usando el pronombre personal adecuado.

- Fonética

A– Repetición individual (escuche, deduzca y responda, usando los pronombres personales).

B – Repetición continua **(escuche y repita el texto de lectura)**

④ Discurso directo.

A – Preguntas directas. Ejemplos:

– *¿Ella es Silvia?*
– *Sí, es Silvia.*

– *¿Tú eres Silvia?*
– *Sí, soy Silvia.*

– *¿Él es Raúl?*
– *Sí, es Raúl.*

– *¿Él es Raúl?*
– *Sí, es Raúl.*

– *Yo me llamo Raúl.*
– *¿Tú eres Raúl?*

– *¿Ellos son abogados?*
– *No, son jueces.*

B – Construyendo diálogos. Ejemplos:

Alumno 1 – *Yo soy... Yo me llamo ... ¿Y tú, cómo te llamas?*
Alumno 2 – *Yo soy... Me llamo ... ¿Y él, cómo se llama?*
Alumno 3 – *Yo soy... Me llamo ... ¿Y ella, cómo se llama?*
Alumno 4 – *Yo soy... Me llamo ... ¿Y ustedes, cómo se llaman?*
Alumno 5 – *Nosotros somos... Nos llamamos ... ¿Y tú, cómo te llamas?*

C – Preguntas al profesor. Ejemplos:

c1) Respuesta positiva: *Sí, tú eres abogado.*
c2) Pregunta: *¿Yo soy abogado?*
c3) Respuesta positiva total: *Sí, tú eres abogado.*

c4) Respuesta negativa parcial: *No, yo soy profesor.*
c5) Pregunta: *¿Usted es abogado?*
c6) Respuesta negativa parcial: *No, yo soy profesor.*

- Discurso indirecto

A – Pregúntele a (...). y cree usted mismo la situación. Ejemplo:

Cuestión: *¿Cómo él se llama?*
Profesor: *Mario, pregúntale a X cómo él se llama.*
Mario: *¿Cómo tú te llamas?*
X: *Me llamo Oscar.*

B – Dígale que le diga. Ejemplo:

Cuestión: *¿Cómo él se llama?*
Profesor: *Rosa, dígale a María que le pregunte a X cómo él se llama.*

Rosa: *María, pregúntale a X cómo él se llama.*
María: *¿Cómo tú te llamas?*
X: *Me llamo José.*

1.2. Fase Escrita

- Lectura
A – Escuche el texto y acompañe la lectura en silencio
B – Lea el texto en alta voz cuidando de la pronunciación y entonación

② Ejercicios escritos

A – Composición

a1) Haga una descripción imaginaria de Raúl y de Silvia.
a2) Haga una composición usando los verbos estar y conocer.
a3) Haga una descripción imaginaria de su compañero de trabajo.
a4) Haga una descripción imaginaria de su esposo, esposa, amigo o amiga.
a5) Haga una descripción imaginaria de su jefe o subordinado.

B – Dictado (Escuche, escriba, corrija y verifique su escrita)

EJERCICIOS PRÁCTICOS
II. CONTEXTO JURÍDICO
«Texto de lectura»
Reglas de Derecho

"El deudor que paga tiene derecho a que se le entregue recibo. Si el pago es por la totalidad de la deuda, tiene derecho, además, a la entrega o la cancelación del título de obligación". (Artículo 237 del Código Civil cubano)

"El deudor puede cumplir la obligación antes del vencimiento del término si otra cosa no resulta del acto jurídico o la naturaleza y circunstancias de la obligación". (Artículo 238 del Código Civil cubano)

"El acreedor puede, a su elección, exigir de uno o varios de sus deudores solidarios, el cumplimiento total o parcial de la obligación...". (Artículo 249 del Código Civil cubano).

"Las personas naturales, además, pueden garantizar sus obligaciones mediante autorización de descuentos de salarios y otros ingresos". (Artículo 267 del Código Civil cubano)

1.1 Fase Oral

- Conociendo la terminología

A- Palabras

acreedor	ingresos	parcial	título
acto	natural	personas	totalidad
deuda	naturaleza	solidarios	
deudor	obligación	término	

B- Verbos

autorizar	elegir	pagar	vencer
cancelar	entregar	poder	
cumplir	exigir	recibir	
descontar	garantizar	resultar	

- Comprensión del texto (explicación estructural)

A – Examine la regla jurídica y construya la frase usando el pronombre personal adecuado. Ejemplo:

a1) Regla jurídica: *(...) tiene derecho a que se le entregue recibo.*
a2) Examine: *el deudor.*
a3) Confirme: *El deudor tiene derecho a que se le entregue recibo.*
a4) Construya: *Él tiene derecho a que se le entregue recibo.*

B – Escuche, confirme y reconstruya la regla usando el pronombre personal adecuado. Ejemplo:

b1) Escuche: *(...) tiene derecho a que se le entregue recibo.*
b3) Confirme: El deudor que paga *(...)*
b4) Reconstruya: *Él tiene derecho a que se le entregue recibo.*

- Fonética

A– Repetición individual (escuche, confirme, deduzca y responda usando los pronombres personales). Ejemplo:

Escuche: *Raúl es acreedor de María.*
Confirme: *Él es acreedor de María.*
Deduzca: *¿Y tú?*
Responda: ...

B – Repetición continua **(escuche y repita el texto de lectura)**

- Discurso directo.

A – Preguntas directas.

– ¿Tú eres mi deudor?

– Sí,...

– ¿Él tiene derecho a (...)?

– No,...

– ¿Ella paga las deudas?

– Sí,...

– ¿Yo cumplo con la obligación?

– Sí,...

– ¿Nosotros podemos cumplir (...)?

– No,...

– ¿Ustedes pueden exigir el cumplimiento de la obligación?

– No,...

B – Construyendo diálogos. Construcción libre (dramatización).

C – Preguntas al profesor. Ejemplos:

c1) Respuesta positiva: *Sí, tú eres mi deudor.*
c2) Pregunta: *¿Yo soy tu deudor?*
c3) Respuesta positiva total: Sí, tú eres mi deudor.

c4) Respuesta negativa parcial: *No, yo soy tu acreedor.*
c5) Pregunta: *¿Usted es mi deudor?*
c6) Respuesta negativa parcial: *No, yo soy tu acreedor.*

- Discurso indirecto

A – Dígale que le pregunte. Ejemplo:

Cuestión: *¿Él es un deudor?*
Profesor: *Mario, pregúntale a X si ...*
Mario: *¿Tú eres un deudor?*

B – Dígale que le diga. Ejemplo:

Cuestión: *¿Ellos son acreedores?*
Profesor: *Rosa, dígale a María que le pregunte a X y a Y si ellos son acreedores.*
Rosa: *María, pregúntale a X y a Y si ellos son acreedores.*
María: *¿Ustedes son acreedores?*

1.2. Fase Escrita

- Lectura
A – Escuche el texto y acompañe la lectura en silencio
B – Lea el texto en alta voz cuidando de la pronunciación y entonación

- Ejercicios escritos

A – Trabajo con el texto: (lectura e interpretación)

Lea el texto y haga un resumen de su contenido.

B – Dictado (Escuche, escriba, corrija y verifique su escrita)

C – Transcriba para el portugués las siguientes palabras

Español	Portugués
acreedor	
acto	
autorización	
cancelación	
circunstancia	
cumplimiento	

derecho descuento deuda deudor elección ingresos naturales naturaleza obligación	

D- Transcriba para el portugués y conjugue los siguientes verbos

Español	Portugués
autorizar cancelar cumplir descontar elegir entregar exigir garantizar pagar poder recibir resultar vencer	

A – Conjugando verbos.

Presente del indicativo

VERBOS	***Yo***	***Tú***	***Usted/Él/Ella***	*Nosotros*	***Ustedes/Ellos/as***
comprar	compro	compras	compra	compramos	compran
conocer	conozco	conoces	conoce	conocemos	conocen
contactar	contacto	contactas	contacta	contactamos	contactan
dedicar	dedico	dedicas	dedica	dedicamos	dedican
desear	deseo	deseas	desean	deseamos	desean
estar	estoy	estás	está	estamos	están
establecer	establezco	estableces	establece	establecemos	establecen
estudiar	estudio	estudias	estudia	estudiamos	estudian
iniciar	inicio	inicias	inicia	iniciamos	inician
necesitar	necesito	necesitas	necesita	necesitamos	necesitan

organizar	organizo	organizas	organiza	organizamos	organizan

Presente del indicativo

VERBOS	***Yo***	***Tú***	***Usted/Él/Ella***	*Nosotros*	***Ustedes/Ellos/as***
autorizar	autorizo	autorizas	autoriza	autorizamos	autorizan
cancelar	cancelo	cancelas	cancela	cancelamos	cancelan
cumplir	cumplo	cumples	cumple	cumplimos	cumplen
descontar	descuento	descuentas	descuenta	descontamos	descuentan
elegir	elijo	eliges	elige	elegimos	eligen
entregar	entrego	entregas	entrega	entregamos	entregan
exigir	exijo	exiges	exige	exigimos	exigen
garantizar	garantizo	garantizas	garantiza	garantizamos	garantizan
pagar	pago	pagas	paga	pagamos	pagan
poder	puedo	puedes	puede	podemos	pueden
recibir	recibo	recibes	recibe	recibimos	reciben
resultar	resulto	resultas	resulta	resultamos	resultan
vencer	venzo	vences	vence	vencemos	vencen

LECCIÓN 2. LOS PRONOMBRES POSESIVOS

Los pronombres posesivos funcionan como adjetivos que sirven para determinar posesión, ejemplos: *mi hermano, mi madre, mi abuela y mis primos, tu casa, tu trabajo*; o como sustantivos: *mi hermano es ese* (ese, el de la foto), esa es mi casa (*la mía, la nuestra, la tuya, el tuyo, lo suyo,* etc.).

1. Pronombres posesivos.

POSEEDORES		OBJETOS POSEÍDOS: UNO		OBJETOS POSEÍDOS: VARIOS	
	1ª) persona	mío (mi)	mía (mi)	míos (mis)	mías (mis)
Uno	2ª) persona	tuyo (tu)	tuya (tu)	tuyos (tus)	tuyas (tus)
	3ª) persona	suyo (su)	suya (su)	suyos (sus)	suyas (sus)
	1ª) persona	nuestro	nuestra	nuestros	nuestras
Varios	2ª) persona	vuestro	vuestra	vuestros	vuestras
	3ª) persona	suyo (su)	suya (su)	suyos (sus)	suyas (sus)

Nótese que no existen diferencias de formas cuando el poseedor sea masculino o femenino: así, *la casa nuestra* puede ser *la casa de nosotros o de nosotras*. Igualmente, la expresión *la casa suya* puede estar indicando *la casa de él, de ella, de ellos, de ellas, de usted o de ustedes*.

2. Uso de los pronombres posesivos en el contexto jurídico. Ejemplos:

A – Usados para vincular los objetos a las personas y establecer entre ambos una relación de posesión o pertenencia.

1 – "El cumplimiento de la obligación es exigible en el término legal o, en su defecto, en el expresamente pactado o en el que infiere de su propia naturaleza". (Artículo 234.1. del Código Civil cubano)

2 – "La obligación que tiene por objeto la prestación de un servicio debe ser ejecutada personalmente por el deudor, si el acreedor tiene interés en ello y esto se deduce de su contenido". (Artículo 235 del Código Civil cubano)

3 – "De concurrir varios acreedores con créditos exigibles contra el mismo deudor, sin perjuicio de las garantías que graven determinados bienes suyos a favor de algunos acreedores singularmente privilegiados, tendrán preferencia para hacer efectivos sus créditos sobre el resto del patrimonio del deudor, por el orden siguiente: (...)". (Artículo 307.1. del Código Civil cubano)

4 – "*Las donaciones que, con arreglo a lo dispuesto en el artículo 636 sean inoficiosas computado el valor líquido de los bienes del donante al tiempo de su muerte, deberán ser reducidas en cuanto al exceso; pero ésta reducción no obstará para que tengan efecto durante la vida del donante y para que el donatario haga suyos los frutos*". (Artículo 654 del Código Civil español)

5 – "*El Estado ejerce su soberanía: (...)*". (Artículo 11 de la Constitución de la República de Cuba)

6 – "*La República de Cuba hace suyos los principios (...)*". (Artículo 12 de la Constitución de la República de Cuba)

3. Resumen gramatical.

A – Conociendo los días de la semana: Domingo, Lunes, Martes, Miércoles, Jueves, Viernes, Sábado.

B – Conociendo los meses del año: Enero, Febrero, Marzo, Abril, Mayo, Junio, Julio, Agosto, Septiembre, Octubre, Noviembre, Diciembre.

C – Conociendo las estaciones: Primavera, Verano, Otoño, Invierno.

EJERCICIOS PRÁCTICOS

I. CONTEXTO ORDINARIO

«Texto de lectura»

El día del viaje

El martes, 16 de julio, por la mañana, Raúl se encuentra con Silvia en el aeropuerto. La temperatura estaba alta, pues, como sabemos, julio y agosto son los meses más calurosos del verano caribeño. Ya en el avión, Raúl y Silvia establecen un interesante diálogo (...)

(Mostrando fotos)

Silvia- *Mira, Raúl, este es mi hermano, esta es mi abuela y estos son mis primos.*
Raúl- *¿Y este edificio?*
Silvia- *Ese es el edificio donde vivo.*
Raúl- *¿Esa es tu casa?*
Silvia- *No, es la casa de mi madre y de mis hermanos.*
Raúl- *Ustedes viven en una casa grande y bonita.*

1.1 Fase Oral

- Conociendo la terminología

A- Palabras
abuela
avión
casa
hermano
madre
mañana
mes
temperatura
verano

B- Verbos

encontrar
establecer
hacer
mostrar
vivir

- Comprensión del texto (explicación estructural)

A – Escuche y construya la frase usando el pronombre posesivo adecuado. Ejemplo:

a1) Escuche: *El trabajo tuyo.*
a2) Construya: *Tu trabajo.*

a3) Escuche: *Esa es la casa de mi madre.*
a4) Construya: *Esa es su casa.*

- Fonética

A – Repetición individual.

1) Escuche y repita las frases.

2) Escuche, deduzca y construya frases usando los días de la semana: domingo, lunes, martes, miércoles, jueves, viernes, sábado. Ejemplo:

Escuche: *Es un día de descanso.*
Deduzca: *Domingo.*
Construya: *El Domingo es un día de descanso.*

3) Escuche, deduzca y construya frases usando los meses del año (enero, febrero, marzo, abril, mayo, junio, julio, agosto, septiembre, octubre, noviembre, diciembre). Ejemplo:

Escuche: *Es el mes más frío del año.*
Deduzca: *enero.*
Construya: *Enero es el mes más frío del año.*

4) Escuche, deduzca y construya frases usando las estaciones del año (verano, otoño, invierno, primavera). Ejemplo:

Escuche: *Es la estación del calor.*
Deduzca: *verano.*
Construya: *El verano es la estación del calor.*

B – Repetición continua **(escuche y repita el texto de lectura)**

- Discurso directo.

A – Preguntas directas. Ejemplo:

a1) Escuche y responda:

– *¿Ella es tu hermana?* – *No, es mi prima.*	– *¿Este libro es tuyo?* – *No,...*	– *¿Estos son tus códigos?* – *Sí,... (son míos).*
– *¿Él es tu esposo?* – *No,...*	– *Esta es nuestra nueva casa.* – *¿Es...?*	– *¿Él es tu abogado?* – *No,...*

a2) Responda las siguientes preguntas de acuerdo con el ejemplo modelo.

Pregunta: *¿Cuál es tu profesión?*
Escuche: *abogado.*
Responda: *Yo soy abogado. Mi profesión es abogado.*

a3) Formule preguntas usando las siguientes palabras.

martes	septiembre	verano
miércoles	mañana	invierno
jueves	calor	hermano
agosto	meses	abuela

B – Construyendo diálogos.

– Construya diálogos usando las siguientes palabras.

(a) Todos los días – Todas las semanas – Siempre – Nunca.
(b) Los lunes – Los martes – Los miércoles – Los jueves – Los viernes – Los sábados – Los domingos.
(c) A veces – De vez en cuando – Diariamente.

C – Preguntas al profesor. Ejemplo:

c1) Respuesta positiva: *Si, tú eres mi amigo.*
c2) Pregunta: *¿Yo soy tu amigo?*
c3) Respuesta positiva total: Sí, tú eres mi amigo.

- Discurso indirecto

A – Pregúntele a (...). y cree usted mismo la situación. Ejemplo:

Cuestión: *¿Él es tu primo?*
Profesor: *Mario, pregúntale a X si él es tu primo.*
Mario: *¿Tú eres mi primo?*
X: Sí, yo soy tu primo.

B – Dígale que le pregunte. Ejemplo:

Cuestión: *¿Ella es su hermana?*
Profesor: *Rosa, dígale a María que le pregunte a X si ella es su hermana.*
Rosa: *María, pregúntale a X si ella es tu hermana.*
María: *¿Tú eres mi hermana?*
X: *No, yo no soy tu hermana.*

1.2. Fase Escrita

- Lectura
A – Escuche el texto y acompañe la lectura en silencio
B – Lea el texto en alta voz cuidando de la pronunciación y entonación

C – Lea el texto en alta voz y haga un resumen de su contenido

- Ejercicios escritos. *Interpretación*: Lea y responda las siguientes preguntas:

– *¿Qué hicieron Raúl y Silvia durante el viaje?*
– *¿Qué le mostró Silvia a Raúl?*
– *Describa los miembros de la familia que estaban en las fotos.*
– *¿Cómo es la casa de Silvia?*

A – Composición: Haga una composición usando los pronombres posesivos.

B – Dictado (Escuche, escriba, corrija y verifique su escrita)

EJERCICIOS PRÁCTICOS
I. CONTEXTO JURÍDICO
«Texto de lectura»
Traducción de Textos Latinos*

① La obligación es un vínculo jurídico por el que somos forzados por necesidad a pagar alguna cosa según las normas de *nuestro* Estado.

② La sustancia de las obligaciones consiste, no en que se haga *nuestra* una cosa corporal o una servidumbre, sino en que se fuerce a otro a darnos, hacernos o prestarnos algo.

③ El mismo (Pomponio) escribe: si *tu* caballo dejó preñada a *mi* yegua, lo que nació no es *tuyo*, sino *mío*.

④ Todos los pueblos que se rigen por leyes y costumbres usan un derecho en parte peculiar suyo y en parte común a todos los hombres.

* RAMOS, Arias J. *Textos Latinos*. Madrid: Revista de Derecho Privado, 1943, p 263. Textos tomados de las Institutas y del Digesto: (1) I., 3, 13, *de obligationibus, pr.*; (2) D., 44, 7 *de oblig. et act., 3, pr.* (Paulo); (3) D., 6, 1, *de rei vindicat., 5, 2* (ULPIANO); (4) D., *eod.,* 9 (Gayo); (5) D., 7, 12 (Gayo).

- Si alguien hubiere edificado en suelo ajeno con materiales suyos, el edificio se hace también de aquel de quien es el suelo, y si sabe que el suelo era ajeno, se entiende que perdió por su voluntad la propiedad de los materiales (...)

1.1 Fase Oral

- Conociendo la terminología

A- Palabras.

ajeno	hombre	propiedad	vínculo
corporal	ley	servidumbre	voluntad
cosa	necesidad	suelo	
costumbre	pueblo	sustancia	

B- Verbos.

dejar	escribir	nacer	regir
edificar	haber	pagar	usar
entender	hacer	perder	

- Comprensión del texto (explicación estructural)

A – Examine la regla jurídica y construya la frase. Ejemplo:

a1) Regla jurídica: *es un vínculo jurídico.*
a2) Examine: *obligación.*
a3) Construya: *La obligación es un vínculo jurídico.*

B – Escuche, deduzca y construya la frase. Ejemplo:

b1) Escuche: *somos forzados por necesidad a pagar.*
b2) Deduzca: *deuda.*
b3) Construya: *Nosotros somos forzados por necesidad a pagar la deuda.*

- Fonética

A– Repetición individual (escuche, deduzca y responda usando los pronombres personales).

B – Repetición continua **(escuche y repita el texto de lectura)**

- Discurso directo.

A – Preguntas directas. (Preguntas complementarias elaboradas por el profesor).

B – Construyendo diálogos. Construcción libre (dramatización).

1.2. Fase Escrita.

- Lectura
A – Escuche el texto y acompañe la lectura en silencio
B – Lea el texto en alta voz cuidando de la pronunciación y entonación

- Ejercicios escritos
A – Trabajo con el texto: (lectura e interpretación)

Lea el texto y haga un resumen de su contenido.

B – Dictado (Escuche, escriba, corrija y verifique su escrita)

C – Transcriba para el portugués las siguientes palabras

Español	Portugués
ajeno	
caballo	
común	
corporal	
cosa	
costumbre	
edificio	
hombre	
ley	
material	
mío	

D- Transcriba para el portugués y conjugue los siguientes verbos

Español	Portugués
dejar	
edificar	
entender	
escribir	
forzar	
haber	
hacer	
nacer	
pagar	
perder	
regir	
usar	

- Resumen gramatical.

A – Conjugando verbos.

Presente del indicativo

VERBOS	*Yo*	*Tú*	*Usted/Él/Ella*	*Nosotros*	*Ustedes/Ellos/as*
encontrar	encuentro	encuentras	encuentra	encontramos	encuentran
establecer	establezco	estableces	establece	establecemos	establecen
hacer	hago	haces	hace	hacemos	hacen
mostrar	muestro	muestras	muestra	mostramos	muestran
vivir	vivo	vives	vive	vivimos	viven

Presente del indicativo

VERBOS	*Yo*	*Tú*	*Usted/Él/Ella*	*Nosotros*	*Ustedes/Ellos/as*
dejar	dejo	dejas	deja	dejamos	dejan
edificar	edifico	edificas	edifica	edificamos	edifican
entender	entiendo	entiendes	entiende	entendemos	entienden
escribir	escribo	escribes	Escribe	escribimos	escriben
forzar	fuerzo	fuerzas	fuerza	forzamos	fuerzan
haber	he	has	ha	hemos	han
hacer	hago	haces	hace	hacemos	hacen
nacer	nazco	naces	nace	nacemos	nacen
pagar	pago	pagas	paga	pagamos	pagan
perder	pierdo	pierdes	pierde	perdemos	pierden
regir	rijo	riges	rige	regimos	rigen

LECCIÓN 3. LOS PRONOMBRES DEMOSTRATIVOS

El pronombre demostrativo indica un objeto, marcando la relación de distancia que guarda respecto a las personas gramaticales, ejemplos: *este*, que está próximo a mí; *ese*, que está más próximo a ti; *aquel*, que está más lejano de una y de otra. Esta relación de distancia puede entenderse no solamente en cuanto al espacio, sino también en cuanto al tiempo: *aquellos* años, *esta* época del año.

Son, como los posesivos, unas veces adjetivos (*aquella* señora era muy buena; mira *estos* dibujos) y otras, sustantivos (este dice que no va; eso no se debe hacer).

1. Pronombres demostrativos

PRONOMBRES DEMOSTRATIVOS	MASCULINO	FEMENINO	NEUTRO
1ª) persona - singular - plural	este estos	esta estas	estos
2ª) persona - singular - plural	ese esos	esa esas	eso
3ª) persona - singular - plural	aquel aquellos	aquella aquellas	aquello

EJERCICIOS PRÁCTICOS

I. CONTEXTO ORDINARIO

«Texto de lectura»

Mostrando el mapa de la ciudad

Raúl: *Señorita, ¿estamos llegando?*
Aeromoza: *Sí, ya estamos llegando. En* <u>*este*</u> *mismo momento estamos cruzando el Caribe.*
Silvia: *Raúl, ¿conoces la ciudad de Santiago de Cuba?*
Raúl: *Por supuesto, yo viví 40 años aquí.*
Silvia: *Muéstrame como puedo llegar al Tribunal Provincial, debo estar allí a las diez de la mañana.*

Raúl: *Mira, este es el mapa de la ciudad. Aquí está el aeropuerto de Santiago de Cuba. Esa es la parada de ómnibus. Aquel es el Parque Central, en aquellos edificios se encuentran las secciones y salas civiles y penales. Esta es la entrada del Tribunal.*

1.1 Fase Oral

- Conociendo la terminología

A - Palabras

Caribe	señorita	penal	Tribunal
ciudad	ómnibus	provincial	
civil	parada	secciones	

B - Verbos

deber
cruzar
llegar

- Comprensión del texto (explicación estructural)

A – Escuche, examine y construya la frase usando el pronombre demostrativo adecuado. Ejemplo:

Escuche: *Esa es la calle del tribunal.*
Examine: *Universidad.*
Construya: *Esa es la calle de la universidad.*

B – Escuche, deduzca y construya usando el pronombre demostrativo adecuado. Ejemplo:

Escuche: *tiempos de estudiantes.*
Deduzca: *aquellos.*
Construya: *Aquellos tiempos de estudiantes.*

- Fonética

A– Repetición individual (escuche y responda usando los pronombres demostrativos). Ejemplo:

a1) Escuche: *Raúl es abogado.*
a2) Pregunta: *¿Él es tu abogado?*
a3) Responda: Si, ese es mi abogado.

B – Repetición continua **(escuche y repita el texto de lectura)**

④ Discurso directo.
A – Preguntas directas.

¿Esta es la entrada?
¿Esa es Silvia?
¿Ese es Raúl?
¿Este es el profesor?
¿Estos son abogados?
¿Esos son los jueces?
¿Aquel es tu hermano?
¿Aquella es tu madre?
¿Aquellos son tus padres?
¿Aquella es tu escuela?
¿Aquel es tu trabajo?
¿Ese es tu libro?
¿Esa es la carta?

B – Construyendo diálogos.

– Construya diálogos usando los pronombres demostrativos.
– Construya diálogos usando las siguientes palabras.

Señor	Señorita	Señoras
Señora	Señores	

C – Preguntas al profesor. Ejemplo:

c1) Respuesta: *Sí, este es mi abogado.*
c2) Pregunta: *¿Ese es tu abogado?*
c3) Respuesta: *Sí, este es mi abogado.*

- Discurso indirecto. Ejemplo:

A – Pregúntele a (...). y cree usted mismo la situación. Ejemplo:

Cuestión: *¿Ese es el secretario?*
Profesor: *X, pregúntale a Y si ese es el secretario.*
X: *¿Ese es el secretario?*
Y: *Sí, ese es el secretario.*

B – Dígale que le diga. Ejemplo:

Cuestión: *¿Aquel es jurista?*
Profesor: *X, dígale a Y que le pregunte a Z si aquel es jurista.*
X: *Y, pregúntale a Z si aquel es jurista.*
Y: *¿Z, aquel es jurista?*
Z: *Sí, aquel es jurista.*

1.2. Fase Escrita

- Lectura
A – Escuche el texto y acompañe la lectura en silencio
B – Lea el texto en alta voz cuidando de la pronunciación y entonación

- Ejercicios escritos

A – Composición. Haga una composición usando pronombres demostrativos.
B – Dictado (Escuche, escriba, corrija y verifique su escrita)

EJERCICIOS PRÁCTICOS

I. CONTEXTO JURÍDICO

«Texto de lectura»

Uso de pronombres demostrativos en textos legales

- *De no existir término el obligado, en este caso, debe cumplir la prestación dentro de los quince días contados a partir de la exigencia.* (Artículo 234.2. del Código Civil cubano)

- *El deudor puede pagar la deuda a cualquiera de los acreedores solidarios; pero si hubiese sido judicialmente demandado por alguno, a este deberá hacer el pago.* (Artículo 251.1. del Código Civil cubano)

- *El usuario está obligado a entregar el objeto sobre el cual ha de efectuarse el trabajo, en la fecha convenida y en condiciones adecuadas.*

Si el usuario incumple esta obligación, la otra parte puede negarse a recibirlo, sin perjuicio del derecho que le asiste a reclamar la indemnización que para esta eventualidad se hubiese estipulado en el contrato. (Artículo 323.1.2. del Código Civil cubano)

- *El vendedor tiene la obligación de garantizar la calidad del bien vendido. En virtud de la garantía, el vendedor responde por todos los defectos que tenga aquel en el momento de la entrega y que lo hagan impropio, total o parcialmente, para el uso a que está destinado.* (Artículo 361 del Código Civil cubano)

- *El seguro voluntario se rige por las disposiciones del presente código y por aquellas dictadas por el organismo correspondiente, contentivas de las condiciones generales y especiales y las tarifas aplicables a cada tipo de seguro.* (Artículo 449.1. del Código Civil cubano)

- Si existen varios obligados o varios acreedores y la prestación es divisible, la deuda, al igual que el crédito, se divide en tantas partes cuantos sean aquellos. Estas partes se presumen iguales. *(Artículo 246.1. del Código Civil cubano)*

- Si la ley exige el otorgamiento de escritura pública u otra forma especial para la celebración del acto, las partes pueden compelerse recíprocamente a cumplir esa formalidad siempre que exista constancia, por otro medio de haber intervenido el consentimiento y demás requisitos necesarios para su validez. *(Artículo 313 del Código Civil cubano)*

1.1 Fase Oral

- Conociendo la terminología

A - Palabras.

bien	consentimiento	disposición	eventualidad
calidad	defecto	divisible	exigencia
condición	demanda	especial	fecha

formalidad	judicial	prestación	voluntario
garantía	necesario	recíproco	
general	objeto	usuario	
impropio	perjuicio	vendedor	

B- Verbos.

asistir	dictar	existir	negar
aplicar	dividir	incumplir	otorgar
celebrar	efectuar	indemnizar	presumir
contar	estipular	intervenir	responder

- Comprensión del texto (explicación estructural)

Determine la cosa (objeto), término, persona o situación que son visiblemente sustituidos por los pronombres demostrativos:

b1) *este* (Artículo 234.2. del Código Civil cubano)
b2) *este* (Artículo 251.1. del Código Civil cubano)
b3) *esta* (Artículo 323.1.2. del Código Civil cubano)
b4) *aquel* (Artículo 361 del Código Civil cubano)
b5) *aquellas* (Artículo 449.1. del Código Civil cubano)
b6) aquellos *(Artículo 246.1. del Código Civil cubano)*

b7) esa *(Artículo 313 del Código Civil cubano)*

- Fonética

Repetición individual y continua (escuche y repita).

- Discurso directo.

A – Preguntas directas. Preguntas complementarias elaboradas por el profesor.

B – Construyendo diálogos. Construcción libre (dramatización).

1.2. Fase Escrita.

- Lectura
A – Escuche el texto y acompañe la lectura en silencio
B – Lea el texto en alta voz cuidando de la pronunciación y entonación

- Ejercicios escritos. Construya oraciones usando los verbos conjugados.

A – Trabajo con el texto: (lectura e interpretación)

– Lea el texto y haga un resumen de su contenido.

B – Dictado (Escuche, escriba, corrija y verifique su escrita)

C – Transcriba para el portugués las siguientes palabras

Español	Portugués
bienes	
calidad	
condición	
consentimiento	
constancia	
convenida	
defectos	
demanda	
disposición	
divisible	
especiales	
eventualidad	

D- Transcriba para el portugués y conjugue los siguientes verbos

Español	Portugués
asistir	
aplicar	
celebrar	
compeler	
contar	
dictar	
dividir	
efectuar	
estipular	
existir	
incumplir	
indemnizar	

– Conjugando verbos.

Presente del indicativo

VERBOS	*Yo*	*Tú*	*Usted/Él/Ella*	*Nosotros*	*Ustedes/Ellos/as*
deber	debo	debes	debe	debemos	deben
cruzar	cruzo	cruzas	cruza	cruzamos	cruzan
llegar	llego	llegas	llega	llegamos	llegan

LECCIÓN 4. LOS PRONOMBRES RELATIVOS

Este tipo de pronombre sirve para relacionar una oración con otra.

1. Pronombres relativos.

PRONOMBRES RELATIVOS	MASCULINO	FEMENINO
Singular	que, cual, quien, cuyo, cuanto	que, cual, quien, cuya, cuanta
Plural	que, cuales, quienes, cuyos, cuantos	que, cuales, quienes, cuyas, cuantas

Observaciones:

1ª) *Que* y *cual* pueden referirse tanto a las personas como a las cosas, ejemplo: a) la profesora *que* viene, el mes *que* viene, la semana *que* viene, el vecino *que* te busca, la mujer *que* llega, el chico *que* estudia, el abogado *que* lo defiende, la historia *que* comentan, la muchacha *que* se llama; b) la obra sobre la *cual* te hablo, los científicos a los *cuales* te refieres, la persona de la *cual* me hablas, la chica con la *cual* saliste, la obra de la *cual* me hablas, el abogado del *cual* te hablo.

2ª) *Quien* (aquel que) se refiere siempre a personas, ejemplos: la persona en *quien* confío, *quien* te quiere, con *quien* andas, *quien* eres, con *quien* converso, con *quien* sales.

3ª) Algunos pronombres relativos son usados para destacar una cualidad, cantidad o posesión. Estos son: *cual*, *cuanto* y *cuyo*. a) *Cuyo* indica un carácter posesivo equivalente a "de que", "del cual", "de quien". Ejemplo: el libro de *cuyo* autor me hablas (el libro del autor del cual), la autora por *cuya* obra me intereso (por la obra de la cual), la profesora *cuyo* nombre..., la pieza musical de *cuyo* autor, el autor por *cuyo* libro me intereso.

4ª) *Cual* y *cuando* pueden ser considerados correlativos. a) *Cual*, relativo de cualidad, va siempre sin artículo y lleva como antecedente tal. Ejemplo: me los imagino a todos tales *cuales* eran, a mi madre tal *cual* (como) era. b) *Cuanto* es relativo de cantidad, siendo antecedido por todo o tanto o por un sustantivo acompañado de todo o tanto. Ejemplo: le di *cuanto* quería; le di todo *cuanto* tenía; vinieron tantos *cuantos* pudieron, te doy todo *cuanto* tengo, pida todo *cuanto* necesites.

1.1. Concordancia de los pronombres relativos

Todo pronombre relativo debe concordar con su antecedente en género y número. Así podemos decir: *el autor al cual* (o a quien) *citaste*; *la muchacha a la cual* (o a quien) *enamoraste*; *los abogados a los cuales* (o a quienes) *mencionaste*.

Otros no necesitan ser concordados con su antecedente, mas sí con el sustantivo al que acompaña. Por ejemplo, en la siguiente expresión: *en la ley cuyas normas interpreto*, *cuyas* concuerda con *normas*, no con *ley*.

2. Resumen gramatical.

A – Conociendo el horario

¿Qué hora es?
Madrugada/De madrugada/Por la madrugada

1:00 Es la una de la madrugada ///. Una en punto de la madrugada ///. Una antes meridiano.

Tarde/De tarde/Por la tarde

1:00 Es la una de la tarde ///. Una en punto de la tarde ///. Una pasado meridiano ///. 13:00 Trece horas.

¿Qué hora es?
Madrugada/De madrugada/Por la madrugada

2:00 Son las dos de la madrugada ///. Dos en punto de la madrugada ///. Dos antes meridiano.

Tarde/De tarde/Por la tarde

2:00 Son las dos de la tarde ///. Dos en punto de la tarde ///. Dos, pasado meridiano ///. 14:00 Catorce horas.

¿Qué hora es?
Madrugada/De madrugada/Por la madrugada

3:00 Son las tres de la madrugada ///. Tres en punto de la madrugada ///. Tres antes meridiano.

Tarde/De tarde/Por la tarde

3:00 Son las tres de la tarde ///. Tres en punto de la tarde ///. Tres, pasado meridiano ///. 15:00 Quince horas.

¿Qué hora es?
Madrugada/De madrugada/Por la madrugada

4:00 Son las cuatro de la madrugada ///. Cuatro en punto de la madrugada ///. Cuatro antes meridiano.

Tarde/De tarde/Por la tarde

4:00 Son las cuatro de la tarde ///. Cuatro en punto de la tarde ///. Cuatro, pasado meridiano ///. 16:00 Dieciséis horas.

¿Qué hora es?
Madrugada/De madrugada/Por la madrugada

5:00 Son las cinco de la madrugada ///. Cinco en punto de la madrugada ///. Cinco antes meridiano.

Tarde/De tarde/Por la tarde

5:00 Son las cinco de la tarde ///. Cinco en punto de la tarde ///. Cinco, pasado meridiano ///. 17:00 Diecisiete horas.

¿Qué hora es?

Mañana/De mañana/ Por la mañana/Aurora

6:00 Son las seis de la mañana ///. Seis en punto de la mañana ///. Seis antes meridiano.

Tarde/De tarde/Por la tarde

Noche/Anocheciendo/Cayendo la tarde/Alba

6:00 Son las seis de la tarde ///. Seis en punto de la tarde ///. Seis, pasado meridiano ///. 18:00 Dieciocho horas.

¿Qué hora es?

Mañana/De mañana/ Por la mañana

De día/De día/Por el día

7:00 Son las siete de la mañana ///. Siete en punto de la mañana ///. Siete antes meridiano.

Noche/De noche/Por la noche/Anocheciendo

7:00 Son las siete de la noche ///. Siete en punto de la noche ///. 19:00 Diecinueve horas.

¿Qué hora es?

Mañana/De mañana/ Por la mañana

De día/De día/Por el día

8:00 Son las ocho de la mañana ///. Ocho en punto de la mañana ///. Ocho antes meridiano.

Noche/De noche/Por la noche

8:00 Son las ocho de la noche ///. Ocho en punto de la noche ///. 20:00 Veinte horas.

¿Qué hora es?

Mañana/De mañana/ Por la mañana

De día/De día/Por el día

9:00 Son las nueve de la mañana ///. Nueve en punto de la mañana ///. Nueve antes meridiano.

Noche/De noche/Por la noche

9:00 Son las nueve de la noche ///. Nueve en punto de la noche ///. 21:00 Veintiuna horas.

¿Qué hora es?

Mañana/De mañana/ Por la mañana

De día/De día/Por el día

10:00 Son las diez de la mañana ///. Diez en punto de la mañana ///. Diez antes meridiano.

Noche/De noche/Por la noche

10:00 Son las diez de la noche ///. Diez en punto de la noche ///. 22:00 Veintidós horas.

¿Qué hora es?

Mañana/De mañana/ Por la mañana

De día/De día/Por el día

11:00 Son las once de la mañana ///. Once en punto de la mañana ///. Once antes meridiano.

Noche/De noche/Por la noche

11:00 Son las once de la noche ///. Once en punto de la noche ///. 23:00 Veintitrés horas.

¿Qué hora es?

Medio día

12:00 Son las doce del día ///. Doce en punto del día ///. Doce meridiano ///. Es medio día.

Media noche

12:00 Son las doce de la noche ///. Doce en punto de la noche ///. Doce, pasado meridiano ///. Es media noche ///. 24:00 Veinticuatro horas.

B – Conociendo las diferentes formas de pedir orientaciones.

¿Puedo?
Disculpe
Por favor
No es nada
Un momento
Con su permiso
Tenga la gentileza
Óptimo (excelente)

D – Conociendo las diferentes formas de saludos.

Buenos días
Buenas tardes
Buenas noches
¿Cómo estás (vas)?
¡Hola!

EJERCICIOS PRÁCTICOS
I. CONTEXTO ORDINARIO
«Texto de lectura»
En el Tribunal

Raúl: *Silvia, todavía es temprano. El Tribunal está cerrado.*
Silvia: *Mira, ahí hay una funcionaria, debe ser la secretaria. Voy a preguntar.*
Silvia: *Buenos días.*
Secretaria: *Buenos días.*
Silvia: *Por favor, puede usted informarme, ¿cuál es el horario de trabajo del Tribunal?*
Secretaria: *Este tribunal comienza a funcionar a partir de las 10 de la mañana y cierra a las 18 horas.*
Raúl: *Pero, ya son las 10 y treinta de la mañana. ¿Quién es el responsable administrativo de aquí?*
Silvia: *Sí, queremos una explicación.*
Secretaria: *Un momento, déjenme explicar...*
Silvia: *Explique y diga cuál es la oficina de quejas y sugerencias...*
Secretaria: Compañeros, escuchen, el motivo por el cual el Tribunal no está abierto es porque hoy es un día feriado.
Raúl: *Pedimos disculpas.*
Silvia: *Raúl, vamos a aprovechar el tiempo. Vamos a pasear por la ciudad.*

1.1 Fase Oral

- Conociendo la terminología

A – Palabras

abierto	horario	motivo	responsable
feriado	hoy	oficina	temprano
funcionaria	institución	queja	tiempo

B - Verbos

aprovechar	disculpar	informar	preguntar
cerrar	escuchar	ir	saber
comenzar	esperar	pasear	sugerir
cuidar	explicar	parecer	
decir	funcionar	pedir	

- Comprensión del texto (explicación estructural)

Escuche, examine y construya la frase usando el pronombre relativo adecuado.

- Fonética

A– Repetición individual

a1) Escuche y repita.

a2) Escuche, deduzca y construya frases usando las partes del día (mañana // por la mañana; medio día // al medio día; tarde // por la tarde; noche // por la noche; madrugada // por la madrugada // de madrugada).

B – Repetición continua **(escuche y repita el texto de lectura)**

- Discurso directo.

A – Preguntas directas. Ejemplos:

¿Ella es la persona de la cual me hablas?
¿Tú eres el profesor con quien siempre converso por teléfono?
¿Ella es la chica con la cual sales?
¿Ese el chico que estudia?
¿Ella es la muchacha que se llama Silvia?
¿Esa es la obra de la cual me hablas?
¿Qué piensas hacer la semana que viene?
¿Esta es la obra de la cual me hablas?

B – Construyendo diálogos. Construya diálogos usando las siguientes palabras.

Anteayer – Ayer – Hoy – Ahora – Mañana – Pasado mañana.

– Construya diálogos usando pronombres relativos.

C – Preguntas al profesor. Ejemplo:

Respuesta: *Sí, ese es el abogado.*
Pregunta: *¿Ese es el abogado del cual me hablas?*
Respuesta: *Sí, ese es el abogado del cual te hablo.*

- Discurso indirecto

A – Pregúntele a (...). y cree usted mismo la situación. Ejemplo:

Cuestión: *La historia que comentan.*
Profesor: X, *pregúntale a Y si esa es la historia que comentan.*
X: *Y, ¿esa es la historia que comentan?*
Y: *Sí, esa es la historia que comentan.*

B – Dígale que le diga o dígale que le pregunte. Ejemplo:

Cuestión: *El nombre de la persona con quien sale.*
Profesor: X, *dígale a Y que le pregunte a Z el nombre de la persona con quien sale.*
X: *Y, pregúntale a Z el nombre de la persona con quien sale.*
Y: *Z, dime el nombre de la persona con quien sales.*
Z: *El nombre de la persona con quien yo salgo es...*

1.2. Fase Escrita

- Lectura
A – Escuche el texto y acompañe la lectura en silencio
B – Lea el texto en alta voz cuidando de la pronunciación y entonación

- Ejercicios escritos

A – Composición. Haga una composición usando 7 verbos anteriormente conjugados.

B – Dictado (Escuche, escriba, corrija y verifique su escrita)

EJERCICIOS PRÁCTICOS
I. CONTEXTO JURÍDICO
«Texto de lectura»
Traducción de Textos Latinos

- Justicia es una constante y perpetua voluntad de atribuir a cada cual su derecho*.

- Los preceptos del Derecho son éstos: vivir honradamente, no dañar a otro y dar a cada cual lo que es suyo*.

- El usuario está obligado a entregar el objeto sobre el cual ha de efectuarse el trabajo, en la fecha convenida y en condiciones adecuadas. (Artículo 323.1 del Código Civil cubano)

- Carecerán de validez las disposiciones que contradigan otra de rango superior. (Artículo 1.2 del Código Civil español)

- Quien haya perdido la nacionalidad española podrá recuperarla cumpliendo los requisitos siguientes (...). (Artículo 26.1 del Código Civil español)

- La adopción constituida por Juez español se regirá, en cuanto a los requisitos, por lo dispuesto en la Ley española. No obstante, deberá observarse la ley nacional del adoptando en lo que se refiere a su capacidad y consentimiento necesarios (...) (Artículo 9.5 del Código Civil español)

---

* RAMOS, Arias J. *Textos Latinos*. Madrid: Revista de Derecho Privado, 1943, p 263. Textos tomados de las Institutas: (1-2) *Institutas I., 1, 1, de iustitia et iure, pr*
* RAMOS, Arias J. *Textos Latinos*. Madrid: Revista de Derecho Privado, 1943, p 263. Textos tomados de las Institutas: (1-2) *Institutas I., 1, 1, de iustitia et iure, pr*

- La filiación o el nacimiento en España, cuya determinación se produzca después de los dieciocho años de edad, no son por sí solos causa de adquisición de la nacionalidad española. El interesado tiene entonces derecho a optar por la nacionalidad española de origen en el plazo de dos años a contar desde aquella determinación. (Artículo 17.2 del Código Civil español)

1.1 Fase Oral

- Conociendo la terminología

A- Palabras.

adecuada	condición	justicia	perpetua
adopción	daño	nacimiento	precepto
capacidad	filiación	nacionalidad	

B- Verbos.

adoptar	constituir	determinar	optar
adquirir	contradecir	disponer	producir
atribuir	dañar	honrar	recuperar
carecer	dar	observar	trabajar

- Comprensión del texto (explicación estructural)

Determine la persona, calidad, cantidad o cosa a las cuales se refieren los pronombres relativos siguientes:

b1) *cual* (Artículo 323.1 del Código Civil cubano)
b2) *que* (Artículo 1.2 del Código Civil español)
b3) *quien* (Artículo 26.1 del Código Civil español)
b4) *cuanto* (Artículo 9.5 del Código Civil español)
b5) *cuya* (Artículo 17.2 del Código Civil español)

- Fonética

Repetición individual y continua (escuche y repita).

- Discurso directo.

A – Preguntas directas. Preguntas complementarias elaboradas por el profesor.

B – Construyendo diálogos. Construcción libre (dramatización).

1.2. Fase Escrita.

- Lectura
A – Escuche el texto y acompañe la lectura en silencio
B – Lea el texto en alta voz cuidando de la pronunciación y entonación

- Ejercicios escritos. Construya oraciones usando algunos de los verbos.

A – Trabajo con el texto: (lectura e interpretación)

– Lea el texto y haga un resumen de su contenido.

B – Dictado (Escuche, escriba, corrija y verifique su escrita)

C – Transcriba para el portugués las siguientes palabras

Español	Portugués
adecuadas	
adopción	
capacidad	
causa	
condiciones	
constante	
daño	
desde	
filiación	
justicia	
nacimiento	
nacionalidad	

D- Transcriba para el portugués y conjugue los siguientes verbos

Español	Portugués
contradecir	
dañar	
disponer	
producir	
referir	
trabajar	

LECCIÓN 5. LOS PRONOMBRES INDEFINIDOS

El pronombre indefinido sirve para sustituir a una persona o cosa. Cuando construimos la expresión *alguien te busca* desconocemos quién es la persona que busca. Cuando decimos: dame *algo* para leer, *algo* representa una cosa, que puede ser un libro, una revista etc. cualquier no especificada. Veamos el uso de esos pronombres en el contexto ordinario y jurídico.

Los pronombres indefinidos pueden ser considerados adjetivos y sustantivos. Hacen función de sustantivos *alguien, nadie, algo, nada, quienquiera.* Hacen función de adjetivos, entre otros: *uno, alguno, ninguno, mucho, poco, bastante, demasiado, varios, cierto, cualquiera, otro*, etc.

EJERCICIOS PRÁCTICOS

I. CONTEXTO ORDINARIO

«Texto de lectura»

Un paseo por la ciudad

Raúl: *Silvia, ¿conoces la ciudad de Santiago de Cuba?*
Silvia: *He leído algo sobre Santiago, mas nadie me ha contado su historia.*
Raúl: *¿Nadie te ha contado cómo viven los cubanos?*
Silvia: *Siempre estuve deseando que alguien me contase. ¿Tú quieres contármelo?*
Raúl: *Sí, pero primero vamos a comer algo.*
Silvia: *Acepto, porque realmente tengo hambre.*

(En el restaurante)

Raúl: *¿Hay alguien atendiendo aquí?.*
Camarera: *No señor, no hay nadie. Hoy es un día feriado.*
Silvia: *Pero, ¿no están ofertando nada para comer o beber?*
Camarera: *No señora, no tenemos nada.*
Raúl: *Hoy, realmente, cualquiera enloquece en esta ciudad, todo está cerrado.*
Silvia: *Entonces, vamos a caminar un poco.*

(Caminando por la ciudad)

Raúl: *Un día como hoy en Santiago poco se trabaja.*
Silvia: *Sí, ya veo.*
Silvia: *Raúl, ¿no crees que ya hemos caminado demasiado? Ya caminamos una media hora.*
Raúl: *No, tenemos mucho tiempo todavía.*

(Mostrando un lugar histórico-cultural)

Raúl: *Mira, Silvia, esta es la Casa de la Trova Santiaguera. Cualquier extranjero reconocería este lugar. Aquí uno puede deleitarse escuchando buena música. ¿Quieres entrar?*
Silvia: Vamos.

(Media hora después)

Silvia: *Aquí se pasa bien, todo el mundo canta y baila.*
Raúl: *Sí, nadie se queda sentado. Sabes Silvia, aquí en Cuba cada uno demuestra tener alguna habilidad para el baile o para el canto.*
Silvia: *Sí, ya veo que el cubano es muy alegre.*

1.1 Fase Oral

- Conociendo la terminología

A – Palabras

alguna	extranjero	mucho	siempre
alguien	habilidad	nadie	vigilante
cualquiera	hambre	poco	

B – Verbos

atender	caminar	demostrar	vigilar
bailar	comer	leer	
beber	creer	ofertar	
cantar	cualquier	reconocer	

- Comprensión del texto (explicación estructural)

Escuche, examine y construya la frase usando el pronombre indefinido adecuado. Ejemplo:

Escuche: ... *que resuelve los problemas.*
Examine: *Siempre hay alguien.*
Construya: *Siempre hay alguien que resuelve los problemas.*

- Fonética

A– Repetición individual (escuche y repita)

B – Repetición continua **(escuche y repita el texto de lectura)**

- Discurso directo.

A – Preguntas directas. Ejemplo:

¿Silvia conoce la ciudad de Santiago de Cuba?
¿Raúl y Silvia lograron comer o beber alguna cosa?
¿Por qué Silvia aceptó comer algo?
¿Silvia y Raúl caminaron mucho?

¿A cuál lugar histórico-cultural llegan Raúl y Silvia?
¿Qué se hace en tal lugar histórico-cultural?
¿Cómo es el cubano?

B – Construyendo diálogos. Construya diálogos usando pronombres indefinidos.

C – Preguntas al profesor. Ejemplo:

Respuesta: *Sí, muchos abogados trabajan aquí (Sí, aquí trabajan muchos abogados).*
Pregunta: *¿Trabajan muchos abogados aquí? (¿Aquí trabajan muchos abogados?)*
Respuesta: *Sí, muchos abogados trabajan aquí (Sí, aquí trabajan muchos abogados)*

- Discurso indirecto

A – Pregúntele a (...). y cree usted mismo la situación. Ejemplo:

Cuestión: *¿Hay muchos estudiantes en este grupo?*
Profesor: X, *pregúntale a Y si en este grupo hay muchos estudiantes.*
X: *Y, ¿en este grupo hay muchos estudiantes?*
Y: *Sí, en este grupo hay muchos estudiantes.*

B – Dígale que le diga o dígale que le pregunte. Ejemplo:

Cuestión: *No hay nadie en la casa.*
Profesor: X, *dígale a Y que le diga a Z que no hay nadie en la casa.*
X: *Y, dile a Z que no hay nadie en la casa.*
Y: *Z, no hay nadie en la casa.*

1.2. Fase Escrita

- Lectura
A – Escuche el texto y acompañe la lectura en silencio
B – Lea el texto en alta voz cuidando de la pronunciación y entonación

- Ejercicios escritos

A – Composición. Haga una composición usando verbos conjugados.

B – Dictado (Escuche, escriba, corrija y verifique su escrita)

EJERCICIOS PRÁCTICOS

I. CONTEXTO JURÍDICO

«Texto de lectura»

Reglas Jurídicas

- Si alguien hubiere comprado la cosa depositada en él, o entregada a él en comodato, o recibida por él en prenda, se habrá de considerar como entregada, si después de la compra siguió en su poder.*

- Se consideran consumidores y usuarios a las personas naturales o jurídicas que, como destinatarios finales, adquieran, usen o disfruten, a título oneroso, bienes o servicios cualquiera sea la naturaleza pública o privada, individual o colectiva, de quienes los produzcan, expidan, faciliten, suministren, presten u ordenen. (Artículo 2 de la Ley n.° 4.898/95 - Ley de Protección al Consumidor y al Usuario de Venezuela)

- A los efectos de este capítulo, respecto de las situaciones de doble nacionalidad previstas en las leyes españolas se estará a lo que determinen los tratados internacionales, y, si nada estableciesen, será preferida la nacionalidad coincidente con la última residencia habitual y, en su defecto, la última adquirida. (Artículo 9.9 del Código Civil español)

- Siempre que no se establezca otra cosa, en los plazos señalados por días, a contar de uno determinado, quedará éste excluido del cómputo, el cual deberá empezar en el día siguiente; y si los plazos estuviesen fijados por meses o años, se computarán de fecha a fecha. Cuando en el mes del vencimiento no hubiera día equivalente al inicial del cómputo, se entenderá que el plazo expira el último del mes. (Artículo 5.1 del Código Civil español)

- También podrá ser revocada la donación, a instancia del donante, por causa de ingratitud en los casos siguientes:
1. Si el donatario cometiere algún delito contra la persona, el honor o los bienes del donante.
2. Si el donatario imputare al donante alguno de los delitos que dan lugar a procedimientos de oficio o acusación pública, aunque lo pruebe; a menos que el delito se hubiese cometido contra el mismo donatario, su cónyuge o los hijos constituidos bajo su autoridad.
3. Si le niega indebidamente los alimentos. (Artículo 648 del Código Civil español)

- Son españoles de origen:
a) Los nacidos de padre o madre españoles.
b) Los nacidos en España de padres extranjeros si, al menos, uno de ellos hubiera nacido también en España. Se exceptúan los hijos de funcionario diplomático o consular acreditado en España.
c) Los nacidos en España de padres extranjeros, si ambos carecieren de nacionalidad o si la legislación de ninguno de ellos atribuye al hijo una nacionalidad.
d) Los nacidos en España cuya filiación no resulte determinada. A estos efectos se presumen nacidos en territorio español los menores de edad cuyo primer lugar conocido de estancia sea territorio español. (Artículo 17.1 del Código Civil español)

- El donatario debe, so pena de nulidad, aceptar la donación por sí, o por medio de persona autorizada con poder especial para el caso, o con poder general y bastante. (Artículo 630 del Código Civil español)

---

* D., 6, 2, *de Publiciana*, 9, 1-2 (Ulpiano)

- Procederá la aplicación analógica de las normas cuando éstas no contemplen un supuesto específico, pero regulen otro semejante entre los que se aprecie identidad de razón. (Artículo 4.1 del Código Civil español)

- Si existen varios obligados o varios acreedores y la prestación es divisible, la deuda, al igual que el crédito, se divide en tantas partes cuantos sean aquellos. Estas partes se presumen iguales.(Artículo 246.1 del Código Civil cubano)

1.1 Fase Oral

Conociendo la terminología

A- Palabras.

autoridad	indebidamente	nulidad	razón
doble	identidad	oficio	servicio
equivalencia	ingratitud	origen	siguiente
habitual	instancia	plazo	situación
honor	legislación	procedimiento	

B- Verbos.

acusar	empezar	prestar	regular
depositar	excluir	preferir	señalar
disfrutar	exceptuar	probar	suministrar
donar	fijar	quedar	

Comprensión del texto (explicación estructural)

– Determine la persona, calidad, cantidad o cosa a las cuales se refieren los pronombres indefinidos siguientes:

b1) *alguien* (D., 6, 2, *de Publiciana*, 9, 1-2 Ulpiano)
b2) *cualquiera* (Artículo 2 de la Ley n.° 4.898/95 - Ley de Protección al Consumidor y al Usuario de Venezuela)
b3) *nada* (Artículo 9.9 del Código Civil español)
b4) *uno* (Artículo 5.1 del Código Civil español)
b5) *algún* (Artículo 648 del Código Civil español)
b6) *alguno* (Artículo 648 del Código Civil español)
b7) *uno* (Artículo 17.1 del Código Civil español)
b8) *ninguno* (Artículo 17.1 del Código Civil español)
b9) *una* (Artículo 17.1 del Código Civil español)
b10) *bastante* (Artículo 630 del Código Civil español)
b11) *otro* (Artículo 4.1 del Código Civil español)
b12) *varios* (Artículo 246.1 del Código Civil cubano)

- Fonética

Repetición individual y continua (escuche y repita).

- Discurso directo.

A – Preguntas directas. Preguntas complementarias elaboradas por el profesor.

B – Construyendo diálogos. Construcción libre (dramatización).

1.2. Fase Escrita.

- Lectura
A – Escuche el texto y acompañe la lectura en silencio
B – Lea el texto en alta voz cuidando de la pronunciación y entonación

- Ejercicios escritos. Construya oraciones usando los verbos conjugados.

A – Trabajo con el texto: (lectura e interpretación)

– Lea el texto y haga un resumen de su contenido.

B – Dictado (Escuche, escriba, corrija y verifique su escrita)

C – Transcriba para el portugués las siguientes palabras

Español	Portugués
alimento	
analogía	
autoridad	
colectiva	
cónyuge	
destinatario	
diplomático	
doble	
donatario	
efecto	
equivalencia	
estancia	

D- Transcriba para el portugués y conjugue los siguientes verbos

Español	Portugués
acreditar	
acusar	
coincidir	
cometer	
computar	
considerar	
contemplar	
depositar	
disfrutar	
donar	
empezar	
excluir	

– Conjugando verbos.

Presente del indicativo

VERBOS	*Yo*	*Tú*	*Usted/Él/Ella*	*Nosotros*	*Ustedes/Ellos/as*
atender	atiendo	atiendes	atiende	atendemos	atienden
bailar	bailo	bailas	baila	bailamos	bailan
beber	bebo	bebes	bebe	bebemos	beben
cantar	canto	cantas	canta	cantamos	cantan
caminar	camino	caminas	camina	caminamos	caminan
comer	comen	comes	come	comemos	comen
creer	creo	crees	cree	creemos	creen
demostrar	demuestro	demuestras	demuestra	demostramos	demuestran
entrar	entro	entras	entra	entramos	entran
enloquecer	enloquezco	enloqueces	enloquece	enloquecemos	enloquecen
estar	estoy	estás	está	estamos	están
leer	leo	lees	lee	leemos	leen

LECCIÓN 6. LOS PRONOMBRES NUMERALES

Los pronombres pueden tener función de adjetivos sin dejar de ser pronombres. Por esta razón los numerales, a veces, han sido considerados “adjetivos”. Son diversos los ejemplos en que los numerales funcionan como sustantivos o como adjetivos.

1. Pronombres numerales

a) Numerales sustantivos:
– Cardinales: *Un abogado está preguntando por usted.*
– Ordinales: *El primero que llegue será premiado.*
– Multiplicativos: *El triple de los convidados llegará mañana.*
– Fraccionarios: *La quinta parte de esas normas jurídicas es prohibitiva.*

b) Numerales adjetivos:
– Cardinales: *Necesito veinte reales.*
– Ordinales: *Es la segunda vez que leo esa obra.*
– Multiplicativos: *Ella tuvo un parto doble.*
– Fraccionarios: *Caminó media ciudad para comprar los libros.*

2. Resumen gramatical.

A – Números

0 – cero	11 – once	22 – veintidós	80 – ochenta
1 – uno	12 – doce	30 – treinta	81 – ochenta y uno...
2 – dos	13 – trece	31 – treinta y un...	90 – noventa
3 – tres	14 – catorce	40 – cuarenta	91 – noventa y uno...
4 – cuatro	15 – quince	41 – cuarenta y un...	100 – cien
5 – cinco	16 – dieciséis	50 – cincuenta	200 – doscientos
6 – seis	17 – diecisiete	51 – cincuenta y un...	300 – trescientos
7 – siete	18 – dieciocho	60 – sesenta	400 – cuatrocientos
8 – ocho	19 – diecinueve	61 – sesenta y uno...	500 – quinientos
9 – nueve	20 – veinte	70 – setenta	600 – seiscientos
10 – diez	21 – veintiún	71 – setenta y uno...	700 – setecientos

800 – ochocientos
900 – novecientos
1000 – mil
1999 – mil novecientos noventa y nueve
2000 dos mil...

B – Números ordinales

primero	sexto	undécimo (undécimo)
segundo	séptimo	duodécimo (duodécimo)
tercero	octavo	vigésimo
cuarto	noveno	vigésimo primero
quinto	décimo	trigésimo

cuadragésimo
quincuagésimo
sexagésimo

septuagésimo
octogésimo
nonagésimo

centésimo
milésimo
millonésimo

EJERCICIOS PRÁCTICOS

I. CONTEXTO ORDINARIO

«Texto de lectura»

¿Conoce usted a Cuba?*

La República de Cuba abarca 110 860,63 kilómetros y comprende la isla de igual nombre, que por su extensión es la mayor del archipiélago de las Antillas y la decimoquinta del mundo, así como más de 1600 cayos e islas entre los cuales los mayores son Cayo Romano y la Isla de la Juventud.

Cuba, Segunda tierra avistada por Cristóbal Colón al llegar a América, fue descubierta el 27 de octubre de 1492 y bautizada con el nombre de Juana.

Los indicios mas antiguos del hombre en Cuba parecen remontarse a unos 5 000 a.n.e (a. C). En Cuba existen alrededor de 13 000 especies de animales terrestres entre invertebrados, anfibios, reptiles, aves, mamíferos, y una gran cantidad de ellos son endémicos, es decir, exclusivos del territorio cubano.

Actualmente, Cuba posee una población de más de 11 millones de habitantes, lo que a escala mundial la sitúa cerca del lugar 60. Por razones históricas, el pueblo cubano presenta un alto grado de mestizaje debido a la fusión de españoles, negros traídos de África, antillanos y asiáticos.

Los símbolos nacionales son: la bandera de la estrella solitaria, el himno de Bayamo y el escudo de la palma real. Cuba se divide en provincias y municipios y su economía depende fundamentalmente del turismo y la agricultura.

1.1 Fase Oral

Conociendo la terminología

A – Palabras

* Texto tomado de la obra: SALAZAR Gutiérrez y Victor Pérez Galdos. *Visión de Cuba*. La Habana: Editora Política, 1985.

alrededor	extensión	mayor	presenta
bandera	fusión	mestizaje	producto
cantidad	grado	millón	solitaria
especie	indicio	nivel	
estrella	isla	población	

B – Verbos

abarcar	bautizar	depender	poseer
avistar	comprender	descubrir	

Comprensión del texto (explicación estructural)

– **Escuche, examine y construya la frase usando el pronombre numeral adecuado.** Ejemplo:

Escuche: ... *preguntando por el proceso.*
Examine: *Hay tres abogados.*
Construya: *Hay tres abogados preguntando por el proceso.*

Fonética 🎧

A– **Repetición individual** (escuche y repita).

B – Repetición continua **(escuche y repita el texto de lectura)**

Discurso directo.

A – **Preguntas directas.** Ejemplo:

¿Aprobaron dos de nuestros trabajos?
¿Quién alcanzó el primer lugar de la copa?
¿Puedo comer doble?
¿Descontaron un cuarto del salario?
¿Qué se conmemora el primero de mayo?
¿Quién fue tu primera esposa?

B – **Construyendo diálogos.** Construya diálogos usando pronombres indefinidos.

C – **Preguntas al profesor.** Ejemplo:

Respuesta: *Sí, capturaron a seis de ellos (Sí, seis de ellos fueron capturados).*
Pregunta: *¿Capturaron a seis de ellos?*
Respuesta: *Sí, capturaron a seis de ellos (Sí, seis de ellos fueron capturados).*

Discurso indirecto.

A – **Pregúntele a (...). y cree usted mismo la situación.** Ejemplo:

Cuestión: *¿Hay tres presos en el tribunal?*
Profesor: X, *pregúntale a Y si hay tres presos en el tribunal.*
X: *Y, ¿hay tres presos en el tribunal?*
Y: *Sí, hay tres presos en el tribunal.*

B – **Dígale que le diga o dígale que le pregunte.** Ejemplo:

Cuestión: *Un tercio de los trabajadores matricularon en el curso de superación profesional.*

Profesor: X, *dígale a Y que un tercio de los trabajadores matricularon en el curso de superación profesional.*
X: *Y, ciertamente, un tercio de los trabajadores matricularon en el curso de superación profesional.*

1.2. Fase Escrita

- Lectura
A – Escuche el texto y acompañe la lectura en silencio
B – Lea el texto en alta voz cuidando de la pronunciación y entonación

- Ejercicios escritos

A – Composición. Haga una composición usando los verbos anteriormente conjugados.

B – Dictado (Escuche, escriba, corrija y verifique su escrita)

EJERCICIOS PRÁCTICOS
I. CONTEXTO JURÍDICO
«Texto de lectura»
Reglas Jurídicas

- Las obligaciones facultan al acreedor para exigir del deudor una prestación y se cumple de conformidad con el título que la origina. (Artículo 233 del Código Civil cubano)

- La obligación que tiene por objeto la prestación de un servicio debe ser ejecutada personalmente por el deudor, si el acreedor tiene interés en ello y esto se deduce de su contenido. (Artículo 235 del Código Civil cubano)

- Si en el contrato no se precisa a quien corresponde pagar los gastos de entrega y de recepción del bien vendido, los primeros son de cargo del vendedor y los últimos del comprador. (Artículo 337.1 del Código Civil cubano)

- El acreedor puede ceder su crédito a un tercero sin el consentimiento del deudor, a menos que lo prohíba la ley o el acto jurídico, o así resulte de la naturaleza de la obligación. (Artículo 257.1 del Código Civil cubano)

- Respecto a las obligaciones en que la prestación se determina sólo por su género, la elección corresponde al obligado; pero en este caso no puede entregarse bienes de calidad inferior a la media. (Artículo 245 del Código Civil cubano)

- No pueden testar dos o más personas en un mismo documento. (Artículo 477.2 del Código Civil cubano)

- Se equiparan al testamento notarial los especiales otorgados por:

a) los militares en campaña, en tiempo de guerra, y los ciudadanos que residan en territorios donde se desarrollan acciones combativas, ante el militar de mayor grado que las circunstancias permitan o ante la autoridad que establezca la legislación especial para ese período, y dos testigos;
b) los viajeros y tripulantes cubanos en naves y aeronaves cubanas de larga travesía, cuando estén en peligro inminente de muerte, ante el comandante de aquéllas y dos testigos; y

c) los que residan en comunidades, poblados o lugares en que no hubiere notario y se hallen en peligro inminente de muerte, ante un delegado a la Asamblea Municipal del Poder Popular y dos testigos, y de no ser posible, ante tres testigos. (Artículo 487.1 del Código Civil cubano)

- La sucesión corresponde en primer lugar a la línea recta descendente, formada por los hijos y demás descendientes. (Artículo 514.1 del Código Civil cubano)

- Si concurren hijos con descendientes de otros hijos que hubieran premuerto al causante, los primeros heredan por derecho propio y los segundos por derecho de representación. (Artículo 514.4 del Código Civil cubano)

- El dinero, alhajas y otros bienes de valor, ocultos en la tierra, en el mar o en otros lugares y cuya legítima pertenencia no conste, son propiedad del Estado.

El descubridor debe ser recompensado en una cantidad ascendente al veinticinco por ciento del valor de los bienes. (Artículo 195.1 y 3 del Código Civil cubano)

1.1 Fase Oral

- Conociendo la terminología

A- Palabras.

comunidad	dinero	peligro	testigo
contenido	género	recepción	
descendientes	interés	sucesión	

B- Verbos.

ceder	desarrollar	hallar	recompensar
corresponder	ejecutar	prohibir	residir
deducir	equiparar	precisar	testar

- Comprensión del texto (explicación estructural)

Determine el sentido y el alcance de las reglas jurídicas anteriormente citadas

- Fonética

Repetición individual y continua (escuche y repita).

- Discurso directo.

A – Preguntas directas. Preguntas complementarias elaboradas por el profesor.

B – Construyendo diálogos. Construcción libre (dramatización).

1.2. Fase Escrita.

- Lectura
A – Escuche el texto y acompañe la lectura en silencio
B – Lea el texto en alta voz cuidando de la pronunciación y entonación

- Ejercicios escritos. Construya oraciones usando los verbos conjugados.

A – Trabajo con el texto: (lectura e interpretación)

Lea el texto y haga un resumen de su contenido.

B – Dictado (Escuche, escriba, corrija y verifique su escrita)

C – Transcriba para el portugués las siguientes palabras

Español	Portugués
comprador	
comunidad	
conforme	
contenido	
descendientes	
dinero	
documento	
facultad	
gastos	
género	
interés	
legítima	

D- Transcriba para el portugués y conjugue los siguientes verbos

Español	Portugués
ceder	
corresponder	
deducir	
desarrollar	
ejecutar	
equiparar	
hallar	
prohibir	
precisar	
recompensar	
residir	
testar	

LECCIÓN 7. LOS PRONOMBRES INTERROGATIVOS

Pronombre interrogativo es el que sustituye a un nombre de persona o de cosa que por el momento se ignora, y que es por ello objeto de pregunta. Los interrogativos son:

a) quién y quiénes: para preguntar por la identidad de las personas. Ejemplos: *¿quién es ese?, ¿Quiénes vendrán?;*

b) qué: para preguntar por la identidad de las cosas o por una cualidad de las personas o cosas. Ejemplos: *¿qué ocurre?, ¿Qué amigos tienes?, ¿Qué es usted?;*

c) cuál y cuáles: para individualizar personas o cosas dentro de un grupo de semejantes. Ejemplos: *¿Cuál elegiste?, ¿Cuál de aquellos es tu primo?;*

d) cuánto, cuánta, cuántos, cuántas: Para preguntar por la cantidad de personas o cosas. Ejemplos: *¿Cuantos vinieron?, ¿Cuánto costó?*

Algunos interrogativos, en frases cargadas de afectividad, pierden todo sentido de pregunta para emplearse como exclamativos o admiración, ejemplos: *¡qué sujeto más estúpido!; ¡cuántas personas hay en el teatro!; ¡quién lo hubiera imaginado!*

1. El pronombre interrogativo en el contexto jurídico.

En el lenguaje jurídico, o sea, en la técnica usada para redactar los textos jurídicos no usamos pronombres interrogativos; de cualquier forma ellos pueden ser usados, y de hecho se usan, durante la actividad práctica: interrogatorios, investigaciones (encuestas y entrevistas), etc.

2. Resumen gramatical.

A – Pronombres interrogativos

quién	cuál	cuánta
quiénes	cuáles	cuántos
qué	cuánto	cuántas

B – Ejemplos de uso.

¿*Quién* es...?
¿*Quiénes* son ellos?
¿*Qué* ellos estudian?
¿*Qué* ocurre...?
¿*Cuál* es tu profesión...?
¿*Cuántos* años tienes?
¿*Cuántas* veces te asaste?

C – Simulando una llamada telefónica

a) Usted marcó otro número

- *¡Aló!. ¿Es la casa de Rosa?*
- *No, es el Ministerio de Justicia.*
- *Disculpe, fue un error.*

b) Usted marcó el número correcto

- *¡Aló!. ¿Es la Facultad de Derecho?*
- *Sí.*
- *¿El profesor Pablo está?*
- *No, no está. Hoy el profesor está trabajando en el Bufete Colectivo.*
- *¿Y el profesor Juan, está?*
- *Sí, Juan sí está. ¿Desea usted hablar con él?*
- *Si, por favor.*
- *Espere un momento.*

«RESUMEN DE LA UNIDAD»

I. CONTEXTO ORDINARIO
«Responda»

– ¿*Quién* es Raúl?
– ¿*Quiénes* son ellos? (Raúl y Silvia)
– ¿*Qué* ellos (Raúl y Silvia) están haciendo en Cuba?
– ¿*Qué* ocurre con ellos en el Tribunal?
– ¿*Qué* tipo de relación tiene Silvia con Raúl?
– ¿*Qué* tipo de persona es Raúl?
– ¿*Cuál* es la profesión de Silvia?
– ¿*Cuáles* actividades ellos desarrollan en Cuba?
– ¿*Cuántos* años tiene Raúl?
– ¿*Cuántas* veces fueron al Tribunal Raúl y Silvia?

Ejercicios (explicación estructural)

– **Escuche, examine y construya la frase usando el pronombre indefinido adecuado.** Ejemplo:

Escuche: *...es mi abogado.*
Examine: *¿Quién es ese joven?*
Responda: *Ese es mi abogado. Él es mi abogado.*

- Fonética

A– Repetición individual (escuche y repita).
B – Repetición continua (escuche y repita el texto de lectura).

- Discurso directo.

A – Preguntas directas. Ejemplos:

¿Qué hace Silvia en la ciudad de Santiago de Cuba?
¿Qué Raúl y Silvia comieron?
¿Cuánto tiempo Silvia y Raúl caminaron?
¿Cuál lugar histórico-cultural conoció Silvia?
¿Qué generalmente lo cubanos hacen en ese lugar histórico-cultural?
¿Cuántas personas había en ese lugar?

B – Construyendo diálogos. Construya diálogos usando pronombres interrogativos.

C – Preguntas al profesor. Ejemplo:

Respuesta: *Muchos abogados estudian aquí (Sí, aquí estudian muchos abogados).*
Pregunta: *¿Cuántos abogados estudian aquí? (¿Aquí estudian muchos abogados?)*
Respuesta: *Sí, muchos abogados estudian aquí (Sí, aquí estudian muchos abogados)*

- Discurso indirecto

A – Pregúntele a (...). y cree usted mismo la situación. Ejemplo:

Cuestión: *¿Cuántos estudiantes hay en este grupo?*
Profesor: X, *pregúntale a Y cuántos estudiantes hay en este grupo.*
X: *Y, ¿Cuántos estudiantes hay en este grupo?*
Y: *En este grupo hay veinte estudiantes.*

B – Dígale que le diga o dígale que le pregunte. Ejemplo:

Cuestión: *¿Quién está en la casa?*
Profesor: X, *dígale a Y que le pregunte a Z quién está en la casa.*
X: *Y, pregúntale a Z quién está en la casa.*
Y: *Z, ¿quién está en la casa?*

C – Simulando una llamada telefónica

a) Usted marcó otro número

– ¡Aló! ¿Es la casa de Rosa?

– No, es el Ministerio de Justicia.
– Disculpe, fue un error.

b) Usted marcó el número correcto

– ¡Aló! ¿Es la Facultad de Derecho?
– Si.
– ¿El profesor Pablo está?
– No, no está. Hoy el profesor está trabajando en el Bufete Colectivo.
– ¿Y el profesor Juan, está?
– Sí, Juan sí está. ¿Desea usted hablar con él?
– Sí, por favor.
– Espere un momento.

1.2. Fase Escrita: Haga una composición usando los pronombres interrogativos estudiados.

B – Dictado (Escuche, escriba, corrija y verifique su escrita)

D – Transcriba para el portugués los pronombres interrogativos

Español	Portugués
quién	
quiénes	
qué	
cuál	
cuáles	
cuánto	
cuánta	
cuántos	
cuántas	

II. CONTEXTO JURÍDICO

I. Practicando los pronombres personales.

Repetición en cadena – (escuche, pregunte, repita o responda)

***Yo** soy abogado - ¿**Tú** también eres abogado? - No, **yo** soy profesor - ¿**Él** también es profesor? - No, **él** es juez. ¿**Ella** también es jueza? - No, **ella** es secretaria - ¿**Ustedes** también son secretarios? - No, **nosotros** somos notarios - ¿**Ellos** también son notarios? – No, **ellos** son legisladores - ¿**Ustedes** también son legisladores? - Sí, somos legisladores, diputados y juristas.*

Practicando la morfología de las palabras.

– Escuche y deletrea las siguientes palabras –

Empresa = E + M + P + R + E + S + A

Demanda = ______________________

Contestación = ______________________

Trabajo = ______________________

Acción = ______________________

Resolución = ______________________

Registro = ______________________

- Forme diálogos con tus colegas.

A: *Yo me llamo Raúl.*
B: *¿Tú eres Raúl?*
A: *Sí, soy Raúl. ¿Y tú, cómo te llamas?*
B: *Yo soy Silvia. Me llamo Silvia.*

A: *¿Cuál es su nombre?*
B: *Mi nombre es...*
A: *¿Qué día es hoy?*
B: *Hoy es...*

- Forme diálogos preguntando el nombre a algunas de las siguientes personas.

1) pasajero/a.
2) vecino/a.
3) colega de trabajo.
4) Juez/a.
5) Fiscal.

- Estudie y recuerde los siguientes sinónimos e significados.

(a) Abogado: *Defensor, letrado, hombre de ciencia, jurisconsulto, consejero, consultor.*
(b) Negocio: *Tráfico, comercio, ocupación, empleo.*

- Transcriba para el portugués las siguientes frases, preguntas y palabras.

Español	**Portugués**
estudiante	
maestría	
señor	
hombre	
mujer	
fiscal	
vecino	

¿Cómo te llamas? ¿Cómo él se llama? Te presento a Silvia ... Muchas gracias ... Muy bien, gracias ... ¿Cómo estás? ¿Cómo ella está? Yo soy Raúl ... Él es abogado ...	

II. Practicando los pronombres posesivos.

Repetición – (escuche, pregunte, repita o responda)

///¿Esta es mi casa? - Sí, es tu casa /// - ///¿Esta casa es tuya? - No, esa no es mi casa /// - ///¿Esa es su casa? - No, esa casa es mía /// - ///¿Esas son sus cosas (las de ellas)? - No, esas son mis cosas // - ///¿Ustedes reclaman sus derechos? Sí, nosotros reclamamos nuestros derechos/// - ///¿Ellos conocen sus obligaciones? Sí, ellos conocen sus obligaciones ///.

Practicando la morfología de las palabras.

– Deletree las siguientes palabras –

Durante = D + U + R + A + N + T + E

Buena = ______________________

Amistad = ______________________

Servicios = ______________________

Obligaciones = ___________________

Reglas = _________________________

Reclamo = _______________________

Forme diálogos con tus colegas.

1) Mía.
2) Tuya.
3) Nuestra.
4) Vuestra.
5) Nuestros.

Ejercicios: Interpretación de reglas jurídica

– “El testamento ológrafo debe estar totalmente escrito y firmado de puño y letra por el testador, con expresión del año, mes y día en que se otorgue”. (Artículo 485.1 del Código Civil cubano)

– “Si en las leyes se habla de meses, semanas, días o noches, se entiende que los meses son de treinta días, las semanas de siete días, los días de veinticuatro horas, y las noches desde las seis pasado meridiano hasta las seis antes meridiano. Si los meses se determinan por sus nombres, se computarán por los días que respectivamente tengan”. (Artículo 9.1 del Código Civil cubano)

UNIDAD 2. ARTÍCULOS

El artículo es la palabra que destaca el carácter sustantivo de una expresión cualquiera e indica el tiempo de tales sustantivos.

- Resumen gramatical.

A – Artículos definidos: *el, la, los, las –*
el – *el* fiscal
la – *la* fiscal
los – *los* fiscales
la – *la* profesora
las – *las* profesoras
la – *la* oficina.
el – *el* carro

B – Artículos indefinidos: *un, una, unas, unos –*

un – *un* abogado
unos – *unos* artículos
unas – *unas* leyes
unas – *unas* personas

C – Algunas palabras que determinan el verbo (adverbios). Veamos algunos ejemplos de adverbios terminados en mente y sus significados:

anualmente = de forma anual
atentamente = de forma atenta
calmamente = de forma clara
casualmente = de forma casual
delicadamente = de forma delicada
diariamente = de forma diaria
honestamente = de forma honesta
manualmente = de forma manual
mensualmente = de forma mensual
naturalmente = de forma natural
repentinamente = de repente
sabiamente = de forma sabia

EJERCICIOS PRÁCTICOS
I. CONTEXTO ORDINARIO
«Texto de lectura»
ADIVINANZAS
[Poema de Nicolás Guillén]

En los dientes, la mañana,
y la noche en el pellejo.
¿Quién será, quién no será?
El negro.

Con ser hembra y no ser bella,
Harás lo que ella te mande.
¿Quién será, quién no será?
El hambre.

Esclava de los esclavos,
y con los dueños, tirana.
¿Quién será, quién no será?
La caña.

Escándalo de <u>una</u> mano
que nunca ignora a <u>la</u> otra.
¿Quién Será, Quién no Será?
<u>La</u> limosna.

<u>Un</u> hombre que está llorando
con <u>la</u> risa que aprendió.
¿Quién será, quién no será?
Yo.

1.1 Fase Oral

Conociendo la terminología

Artículos en frases y palabras

<u>Los</u> dientes ... <u>la</u> mañana ... <u>la</u> noche ... <u>el</u> pellejo ... <u>el</u> negro ... <u>el</u> hambre ... <u>los</u> esclavos ... <u>los</u> dueños ... <u>la</u> caña ... <u>la</u> otra ... <u>la</u> limosna ... <u>un</u> hombre ... <u>la</u> risa.

Comprensión del texto (explicación estructural)

– **Escuche y construya la frase usando artículos.** Ejemplo:

Escuche: *... profesora de español.*
Construya: *<u>La</u> profesora de español.*

③ Fonética

A– Repetición individual (escuche y repita).

B – Repetición continua (escuche y repita las estrofas del poema Nocturno V de José Angel Buesa)

- Discurso directo e indirecto.

A – Construya oraciones libres usando los artículos. Ejemplos:

– La ciudad de Santiago de Cuba es antigua.
– Un lugar histórico bien conocido.
– El cubano es estudioso.

B – Construyendo diálogos. Construya diálogos usando artículos.

1.2. Fase Escrita

- Lectura

A – Escuche el texto y acompañe la lectura en silencio

Poema: Canción de la noche sola. [José Angel Buesa]

B – Lea el texto en alta voz cuidando de la pronunciación y entonación

- Ejercicios escritos

A – **Composición.** Haga una composición usando los artículos.

B – Dictado (Escuche, escriba, corrija y verifique su escrita)

EJERCICIOS PRÁCTICOS

I. CONTEXTO JURÍDICO

«Texto de lectura»

Traducción de Textos Latinos*

- En el fruto de los ganados se comprenden tanto las crías como la leche, el pelo y la lana. Y, por tanto, los corderos, los cabritos y los terneros se hacen inmediatamente con pleno derecho del poseedor de buena fe y del usufructuario.

- La *mancipatio* es un modo de enajenación peculiar de las cosas *mancipi* que se realiza con palabras determinadas, estando presentes el *libripens* y cinco testigos.

1.1 Fase Oral

Conociendo la terminología

A- Palabras.

---

* (1) D., 22, 1, *de usuris*, 28, pr. 1 (Gayo); (2) Ulpiano, Regl., 19, 3-6.

ganado	lana	poseedor
leche	corderos	buena fe

B- Verbos.

enajenar
realizar

Comprensión del texto (explicación estructural). Determine el uso de los artículos en las reglas jurídicas citadas.

Fonética

– **Repetición individual y continua** (escuche y repita).

Discurso directo.

A – **Preguntas directas.** Preguntas complementarias elaboradas por el profesor.

B – Construyendo diálogos. Construcción libre usando artículo (dramatización).

1.2. Fase Escrita.

Lectura

A – Escuche el texto y acompañe la lectura en silencio

"En el fruto de los ganados se comprenden tanto las crías como la leche, el pelo y la lana. Y, por tanto, los corderos, los cabritos y los terneros se hacen inmediatamente con pleno derecho del poseedor de buena fe y del usufructuario".

B – Lea el texto en alta voz cuidando de la pronunciación y entonación

Ejercicios escritos. Construya oraciones usando los artículos y verbos conjugados.

A – Trabajo con el texto: (lectura e interpretación)

– Lea el texto y haga un resumen de su contenido.

B – Dictado (Escuche, escriba, corrija y verifique su escrita)

C – Transcriba para el portugués las siguientes palabras

Español	Portugués
fruto	
ganado	
leche	
pelo	
lana	
cordero	
cabrito	
ternero	
poseedor	
buena fe	
usufructuario	
testigo	

D- Transcriba para el portugués y conjugue los siguientes verbos

Español	Portugués
enajenar	
realizar	
desarrollar	

UNIDAD 3. NOMBRES O SUSTANTIVOS

Los nombres o sustantivos sirven para designar las cosas y denominamos las personas. Así, podemos nombrar a todo lo que tiene existencia física o imaginaria. Por ejemplo, un *código*, civil o penal, puede ser considerado un objeto cuya existencia real podemos comprobar con los sentidos; en cambio, el *derecho de un autor*, la *obligación de pagar, el derecho a una herencia* y diversas situaciones jurídicas como: ser *propietario*, *poseedor*, etc. No podemos nunca percibirlo de un modo material, sino solamente mediante una cierta operación mental que implica la verificación legal de esos derechos.

Al efecto de poder explicar el uso de los sustantivos en cada lección, adoptaremos la siguiente clasificación:

A- Sustantivos concretos: *a1) comunes; a1.1) genéricos; a1.1.1) individuales; a1.1.2) colectivos. a1.2.) de materia. a2) propios.*

B- Abstractos: *b1) de fenómenos; b2) de cualidad; b3) de cantidad.*

LECCIÓN 1. SUSTANTIVOS CONCRETOS

Los nombres o sustantivos *concretos* son dados a seres u objetos que tienen una existencia real, como por ejemplo: *ley*, *resolución*, *bienes muebles* y *casa*. Clasificamos los nombres o sustantivos concretos de la siguiente manera:

A – Comunes: sirven para dar nombre a un objeto, conforme a un conjunto de cualidades. A los efectos de su estudio clasificamos los sustantivos comunes de la siguiente manera:

a) genéricos: sustantivo por medio del cual se designa un grupo de individuos y cosas que poseen un cierto número de cualidades comunes que los distinguen de los demás. Por ejemplo: el *balance* es un objeto que sirve para descansar (sentar y mecer), así se le da el nombre de balance a tales objetos muebles, independientemente de que haya sido construido de diversas formas y tamaños, o usado variadas materias (madera, hierro, aluminio, etc.)

- individuales: sirven para designar a un solo individuo, objeto o cosa, ejemplos: *barco*, *vaca* y profesor.

- colectivos: sirven para agrupar un número indefinido de individuos, objetos o cosas, ejemplos: *flota, enjambre, manada, pelotón, compañía, batallón, claustro (de profesores), equipo (deportivo), mancha* (*de peces*), *etc.*

b) de materia: Con un nombre de *materia* designamos una masa indefinida que posee cualidades caracterizadas por el propio nombre. Ejemplos: *cobre*, *oro*, *plata*, *sal*, *estaño*, *agua*, *harina*.

B – Propios: sirven para designar una individualidad. Así, por ejemplo, Santiago de Cuba, como provincia de Cuba, Brasil, como país suramericano y Sao Paulo, como Estado o ciudad de Brasil son nombres propios.

2. Resumen gramatical.

A – Género de los sustantivos

El género es la necesidad gramatical de concordar con una u otra forma del adjetivo.
En español solo hay dos géneros: el *masculino*, que corresponde a los varones y animales machos, y el *femenino*, que corresponde a las mujeres y animales hembras. Los demás sustantivos que no designan seres sexuados tienen, sin embargo, gramaticalmente alguno de los dos géneros antedichos, que el uso de la lengua les atribuye. Como se verá, todos distinguen externamente en todo caso su género masculino o femenino según les acomode, respectivamente, el artículo *el* o el artículo *la*.

B – Género de personas y animales

SUSTANTIVOS MASCULINOS	SUSTANTIVOS FEMENINOS
abogado	abogada
administrador	administradora
empleado	empleada
comprador	compradora
vendedor	vendedora
juez	jueza
autor	autora
criminoso	criminosa
actor	actora
padre	madre
hijo	hija
hermano	hermana
asegurador	aseguradora
presidente	presidenta
director	directora
jefe	jefa
legislador	legisladora
consumidor	consumidora
doctor	doctora

Véanse las reglas para la formación del femenino en los nombres de personas y animales:

1ª) En algunos casos, el femenino puede ser una palabra distinta del masculino. Así compárense:

Yerno ➪ nuera; caballo ➪ yegua; varón ➪ hembra; carnero ➪ oveja.

2ª) Cuando el masculino termina en o, el femenino se forma cambiando esta o en a. Ejemplos:

Lobo ➪ loba; hijo ➪ hija; abogado ➪ abogada; gato ➪ gata; muchacho ➪ muchacha

También, algunos terminados en e siguen la misma regla. Ejemplos:

Elefante ➪ elefanta; presidente ➪ presidenta; jefe ➪ jefa

3ª) Los masculinos terminados en consonante forman sus femeninos, por lo general, añadiendo una a. De este tipo son:

Señor ➪ señora; doctor ➪ doctora; profesor ➪ profesora; inspector ➪ inspectora; pastor ➪ pastora; pintor ➪ pintora; ladrón ➪ ladrona; león ➪ leona

4ª) Un menor número de sustantivos forma sus femeninos con variadas terminaciones: *esa, isa, ina, iz*, etcétera. Véanse los femeninos de:

Conde ➪ condesa; duque ➪ duquesa; papa ➪ papisa; sacerdote ➪ sacerdotisa; rey ➪ reina

Muchos nombres de personas tienen la misma forma para el masculino que para el femenino, distinguiéndose sólo por el artículo, su género. Estos sustantivos son comunes en cuanto al género, o invariables. Así, por ejemplo, el sustantivo artista es masculino en el artista y femenino en la artista.

La invariabilidad de estos nombres pudo obedecer a diversas causas. Pueden señalarse entre ellos varios grupos:

1º) Algunos nombres terminados en a en el masculino, que no forman un femenino distinto. Ejemplos: pianista, telefonista, periodista, analista y un gran número de profesiones terminados en *ista*.

2º) Aquellos adjetivos que se sustantivan. Así, por ejemplo: *joven, imbécil, homicida, suicida, corredor, contador, contratante, prestamista, permutante, copermutante, reo, semovientes, parte, master.*

3º) Algunos nombres terminados en *ante*, *ente* o *iente*, que en su primitivo carácter adjetivo de participios activos no admiten variedad de género. Así, por ejemplo: *estudiante* admite indistintamente los artículos *el* o *la* – *el estudiante* de Derecho, *la estudiante* de Derecho.

En el mismo caso está *contrincante, delincuentes, aspirante, adolescentes*. Se sabe que muchas formas femeninas terminadas en a, invadieron el lenguaje culto, usándose de forma común las siguientes variantes:

Dependiente ➪ dependienta; presidente ➪ presidenta; capitán ➪ capitana; jefe ➪ jefa

4º) Otros casos, tales como: *reo, testigo, fiscal, mártir, consorte, cónyuge, donante, prestamista etc*. son considerados invariables.

C – Género de las cosas

Todos los nombres de cosas materiales e inmateriales, tienen un único y determinado género gramatical. Así, a unos les conviene el artículo *el* y a otros el artículo *la*. Véanse las siguientes reglas:

1ª) Los nombres específicos de ríos, montes, golfo, mares, volcanes, vientos, islas, junto a los cuales parecen siempre sobrentenderse los nombres genéricos correspondientes, ofrecen el mismo género gramatical que estos.

2ª) Generalmente son masculinos los nombres sustantivos terminados en *o*, y femeninos los terminados en *a*. Las excepciones más importantes a esta regla general son: día, masculino (el día), y mano, femenino (la mano).

3ª) Un grupo importante lo forma los masculinos que terminan en *ma*, ejemplos: problema (el problema), drama (el drama), fantasma (el fantasma), reuma (el reuma), idioma (el idioma). Existen excepciones, por ejemplo: broma (la broma), loma (la loma).

4ª) Los sustantivos de las demás terminaciones, son, en su mayor parte, masculinos; pero hay un grupo de excepciones femeninas, especialmente los terminados en *d* y *z*, ejemplo: *emperatriz*.

5ª) Existe un grupo de nombres de cosas considerados de uso dudoso, ejemplos: mar (*el mar*) *inmenso*, (*la mar*) *salada*; *margen (el margen) del texto, (la margen) del río*.

6ª) Otro grupo de sustantivos tienen el doble uso masculino-femenino, ejemplos:

El cometa ➪ la cometa; el orden ➪ la orden; el contra ➪ la contra

D – El número de los sustantivos

Entre *gato* y gatos existe la diferencia de la sílaba os en cuanto a la forma. El primer sustantivo expresa un animal de su especie, mientras que el segundo indica varios animales, también de la misma especie. Así, la forma que una palabra puede tomar para indicar si ella se refiere a un objeto, o más de uno, se llama *número*.

En español existen dos números: *singular* y *plural*. Veamos los siguientes ejemplos:

SUSTANTIVOS EN SINGULAR	SUSTANTIVOS EN PLURAL
obligación	obligaciones
contrato	contratos
ley	leyes
jurídico	jurídicos
norma	normas
regla	reglas

resolución	resoluciones
capítulo	capítulos
libro	libros
acreedor	acreedores
deudor	deudores
fiador	fiadores
permutante	permutantes
testamento	testamentos
texto	textos
tribunal	tribunales
fiscalía	fiscalías
árbitro	árbitros
Constitución	Constituciones

E – Conociendo los nombres de determinados alimentos

a) *Bebidas*: leche, ron, vino, cerveza, agua, jugo, refrescos, café, té, chocolate;
b) *Comidas*: pizza, espagueti, macarrones, carnes (de vaca, de pollo, pavo, puerco, hígado), mariscos (camarones, langosta, cangrejo, calamar);
c) *Condimentos*: sal, pimienta, cebolla, ajo;
d) *Ensaladas*: pepino, tomate, berenjena, lechuga, rábano, repollo;
e) *Viandas*: papa, yuca, ñame, boniato;
f) *Granos y cereales*: arroz, frijoles, lenteja, maíz;
g) *Frutas*: naranja, lima, limón, plátano, piña, aguacate, coco, guayaba, mango, melón, uva, fresa, manzana, pera.
h) *Postres*: dulces, gelatina, pastel, helado;

F – Conociendo los nombres de determinadas ropas y artículos personales

zapatos
camisa
pantalón
pitusa
suéter
bermudas
tenis
camiseta
cinto

saco
traje
falda
cartera
guantes
gorra
sombrero
botas
espejuelos

perfume
reloj
joyas
paraguas
corbata
saya
blusa
vestido
medias

pañuelo
trusa
bikini
collar
pulsera
aretes

G – Conociendo los nombres de determinadas profesiones

abogado
actor
actriz
albañil
arquitecto
ascensorista

bailarín
banquero
barbero
bibliotecario
bombero
cajero

camarero
cantor (cantante)
cargador
carnicero
carpintero
cocinero

contador
corredor
costurero
decano
dentista
diplomático

director
diseñador
electricista
empleado
enfermero
estadista
funcionario
fiscal
jefe
marinero
mecánico
médico
militar
motorista
músico
operario
peluquero
periodista
pescador
pintor
policía
portero
profesor
psicólogo
psiquiatra
sastre
servidor
secretario
técnico
telefonista
vendedor
veterinario
zapatero

H – Conociendo los nombres de determinadas partes del cuerpo humano

cabeza
cejas
ojos
labios
nariz
dientes
oreja
boca
lengua
garganta
pescuezo
hombro
brazos
piernas
pechos
espaldas
codos
rodilla
barriga
cintura
cadera
piernas
manos
nalgas
pulso
dedos
pies
corazón
pulmón
venas
arterias
sangre
costillas
columna
vertebral
piel
intestinos

I – Conociendo los nombres dados a la vivienda e a las partes de ella

apartamento
habitación
hacienda
casa
albergue
residencia
edificio
predio
sala
cocina
baño
comedor
cuarto
dormitorio
patio
balcón
terraza
jardín
piscina
portal
garaje
corredor
pasillo
piso
paredes
azotea
ventanas
puerta
techo
cama

J – Conociendo los nombres (propios) de determinados países

América:

Canadá
Estados Unidos
México
Nicaragua
Salvador
Honduras
Guatemala
Costa Rica
Panamá
Cuba
Jamaica
Haití
República
Dominicana
Barbados
Puerto Rico
Venezuela
Guyana
Belice
Colombia
Perú
Bolivia
Ecuador
Chile
Brasil
Uruguay
Paraguay
Argentina

Europa:

Inglaterra
Alemania
Rusia
Escocia
Suiza
España
Portugal
Francia
Polonia
Italia

Asia:

China	Pakistán	Vietnam	Filipinas
India	Mongolia	Japón	

África:

Egipto	Israel	Angola	Mozambique

K – Conociendo los nombres de expresiones, agentes, elementos y sujetos vinculados al deporte

atleta	pelea	natación	balonmano
juez	encuentro	polo acuático	arco e flecha
aficionado	entrenamiento	judo	salto (piscina)
profesional	campeonato	voleibol	triple salto
equipo	campeón	tenis (mesa)	salto alto
campeonato	himno	boxeo	remo
torneo	bandera	atletismo	
disputa	medallas	balompié	
competencia	ceremonia	esgrima	

L – Conociendo los nombres de algunos lugares importantes

academia	cine	hotel	ponchera
banco	correo	iglesia	relojería
bar	club	instituto	restaurante
barbería	escuela	librería	supermercado
biblioteca	estadio	oficina	teatro
cantina	farmacia	panadería	tienda de ropas
carnicería	gasolinera	parque	trabajo
carpintería	hospital	playa	zapatería

M – Conjugando verbos.

Presente del indicativo

VERBOS	*Yo*	*Tú*	*Usted/Él/Ella*	*Nosotros*	*Ustedes/Ellos/as*
abonar	abono	abonas	abona	abonamos	abonan
adherir	adhiero	adhieres	adhiere	adherimos	adhieren
colocar	coloco	colocas	coloca	colocamos	colocan
conservar	conservo	conservas	conserva	conservamos	conservan
concurrir	concurro	concurres	concurre	concurrimos	concurren
destinar	destino	destinas	destina	destinamos	destinan
deteriorar	deterioro	deterioras	deteriora	deterioramos	deterioran
explotar	exploto	explotas	explota	explotamos	explotan
formar	formo	formas	forma	formamos	forman
integrar	integro	integras	integra	integramos	integran
mantener	mantengo	mantienes	mantiene	mantenemos	mantienen
permanecer	permanezco	permaneces	permanece	permanecemos	permanecen

EJERCICIOS PRÁCTICOS

I. CONTEXTO ORDINARIO

«Texto de lectura»

La ciudad de Santiago de Cuba

La ciudad de Santiago de Cuba se encuentra situada en la parte sur de la Isla de Cuba. En el centro de la ciudad de Santiago se encuentra el Parque Céspedes, la Iglesia o Catedral, comercios, cines y bancos.

Son punto claves del turismo santiaguero: el Hotel Casa Granda, el Cabaret Tropicana de Santiago de Cuba, el Santuario del Cobre (iglesia situada en el Municipio del Cobre, lugar donde también se encuentra una importante mina de cobre), y las zonas de playas.

1.1 Fase Oral

Conociendo la terminología

A- Palabras

zona	oriente	cobre
sur	centro	

B- Verbos

instalar
importar

Comprensión del texto (explicación estructural)

A – Escuche, examine y construya la frase usando el nombre común adecuado. Ejemplo:

a1) Escuche: *de oro.*
a2) Examine: *Una Mina...*
a3) Construya: *Una Mina de oro.*

B – Escuche, examine y construya la frase usando el nombre propio adecuado. Ejemplo:

a1) Escuche: *Santiago de Cuba.*
a2) Examine: ... *una provincia de Cuba.*
a3) Construya: *Santiago de Cuba es una provincia de Cuba.*

Fonética 🎧

Escuche y repita los versos: (El andar de la cubana [Pablo Jiménez Serrano])

A– Repetición individual (escuche y construya). Ejemplos:

a) Escuche: *Quien nació en Cuba.*
b) Construya: *Es cubano.*

c) Escuche: *Quien vive en Norte América.*
d) Construya: *Es norteamericano.*

B – Repetición continua **(escuche y repita el texto de lectura)**

Discurso directo.

A – Preguntas directas. ¿Dónde nació?

a) Escuche: Ella es búlgara.
b) Deduzca: Ella nació en Bulgaria.

B – Construyendo diálogos. Ejemplos:

Alumno 1 – *Yo soy... Yo nací*
Alumno 2 – *Yo soy... Yo vivo*

C – Preguntas al profesor. Ejemplo:

c1) Respuesta: *Sí, tú eres cubano.*
c2) Pregunta: *¿Yo soy cubano?*
c3) Respuesta: *Sí, tú eres cubano.*

Discurso indirecto

A – Pregúntele a (...) - cree usted mismo la situación. Ejemplo:

Cuestión: *¿Dónde él nació?*
Profesor: *Mario, pregúntale a X dónde él nació.*
Mario: *¿Dónde naciste?*
X: *Yo nací en Costa Rica.*

B – Dígale que le diga. Ejemplo:

Cuestión: *Naciste en Cuba*
Profesor: *Rosa, dígale a María cuál es tu nacionalidad.*
Rosa: *María, yo soy cubana.*

1.2. Fase Escrita

Lectura
A – Escuche el texto y acompañe la lectura en silencio
B – Lea el texto en alta voz cuidando de la pronunciación y entonación

Ejercicios escritos

A – Composición. Haga una descripción imaginaria de la ciudad de donde eres.

B – Dictado (Escuche, escriba, corrija y verifique su escrita)

EJERCICIOS PRÁCTICOS
I. CONTEXTO JURÍDICO
«Texto de lectura»
Reglas Jurídicas

Son bienes inmuebles:

1. Las tierras, edificios, caminos y construcciones de todo género adheridas al suelo.
2. Los árboles y plantas y los frutos pendientes, mientras estuvieren unidos a la tierra o formaren parte integrante de un inmueble.
3. Todo lo que esté unido a un inmueble de una manera fija, de suerte que no pueda separarse de él sin quebrantamiento de la materia o deterioro del objeto.
4. Las estatuas, relieves, pinturas u otros objetos de uso u ornamentación, colocados en edificios o heredades por el dueño del inmueble en tal forma que revele el propósito de unirlos de un modo permanente al fundo.

5. Las máquinas, vasos, instrumentos o utensilios destinados por el propietario de la finca a la industria o explotación que se realice en un edificio o heredad, y que directamente concurran a satisfacer las necesidades de la explotación misma.
6. Los viveros de animales, palomares, colmenas, estanques de peces o criaderos análogos, cuando el propietario los haya colocado o los conserve con el propósito de mantenerlos unidos a la finca, y formando parte de ella de un modo permanente.
7. Los abonos destinados al cultivo de una heredad, que estén en las tierras donde hayan de utilizarse.
8. Las minas, canteras y escoriales, mientras su materia permanece unida al yacimiento y las aguas vivas o estancadas.
9. Los diques y construcciones que, aún cuando sean flotantes, estén destinados por su objeto y condiciones a permanecer en un punto fijo de un río, lago o costa.
10. Las concesiones administrativas de obras públicas y las servidumbres y demás derechos reales sobre bienes inmuebles. (Artículo 334 del Código Civil Español)

1.1 Fase Oral

Conociendo la terminología

A- Palabras.

agua	directa	mina	tierra
árbol	dueño	palomar	vaso
camino	flotante	pez	yacimiento
concesión	fundo	punto	
construcción	inmueble	relieve	
criadero	instrumento	río	

B- Verbos.

abonar	concurrir	integrar	satisfacer
adherir	destinar	mantener	separar
colocar	explotar	permanecer	utilizar
conservar	formar	revelar	unir

Comprensión del texto (explicación estructural)

– Interprete las siguientes frases de acuerdo con lo establecido en el citado artículo 334 del Código Civil Español:

b1) *construcciones de todo género adheridas al suelo* (334.1)
b2) *formar parte integrante de un inmueble* (334.2)
b3) *sin quebrantamiento de la materia o deterioro del objeto* (334.3)
b4) *en tal forma que revele el propósito de unirlos de un modo permanente al fundo* (334.4)
b5) *que directamente concurran a satisfacer las necesidades de la explotación misma* (334.5)
b6) *formando parte de ella de un modo permanente* (334.6)
b7) *criaderos análogos* (334.6)

Fonética

– **Repetición individual y continua** (escuche y repita).

Discurso directo.

A – Preguntas directas. Preguntas complementarias elaboradas libremente por el profesor.

B – Construyendo diálogos. Construcción libre (dramatización).

1.2. Fase Escrita.

Lectura
A – Escuche el texto y acompañe la lectura en silencio
B – Lea el texto en alta voz cuidando de la pronunciación y entonación

Ejercicios escritos. Construya oraciones usando los verbos conjugados.
A – Trabajo con el texto: (lectura e interpretación)

– Lea el texto y haga un resumen de su contenido.
B – Dictado (Escuche, escriba, corrija y verifique su escrita)

C – Transcriba para el portugués las siguientes palabras

Español	**Portugués**
agua	
árbol	
camino	
concesión	
construcción	
criadero	
directa	
dueño	
edificio	
estatua	
flotante	
inmueble	
materia	

D- Transcriba para el portugués y conjugue los siguientes verbos

Español	**Portugués**
abonar	
adherir	
colocar	
conservar	
concurrir	
destinar	
deteriorar	
explotar	
formar	

integrar	
mantener	
permanecer	

LECCIÓN 2. SUSTANTIVOS ABSTRACTOS

Los nombres o sustantivos *abstractos* indican cualidades y propiedades observadas en los objetos o cosas, por ejemplo: *eficacia*, *eficiencia*, *validez, grandeza*, *proceso*, *movimiento,* etc.

1. Clasificación.

Para un mejor estudio, se clasifican los sustantivos abstractos de la siguiente manera:

A – De fenómenos: son aquellos derivados de los verbos, ejemplo: de mover, *movimiento*, de alabar, *alabanza,* de procesar, *proceso*. Existen otros *abstractos* que no tienen como fuente tal derivación, por ejemplo: *luz, vida, sueño, noche, día, tarde,* etc.

B – De cualidad: son aquellos que derivan de los adjetivos, que como sabemos, expresan una determinada cualidad. Los nombres *abstractos* de cualidad llegan a ser sustantivos debido a su derivación de los adjetivos. Así, deriva de blanco, la *blancura*, de grande, la *grandeza*, de rico, la *ricura*, de sabroso, la *sabrosura*, de eficaz, la *eficacia*, de eficiente, la *eficiencia*, de lo ambiguo, la *ambigüedad*, de lo vago, la *vaguedad*, etc.

C – De cantidad: son generalmente llamados *colectivos numerales*, que indican un número de objetos no determinados como *par*, *docena*, *decena*, *centena*; y aquellos indefinidos, que indican un grupo de objetos de una misma especie no determinada e impreciso, ejemplo: *grupo*, *montón*, *puñado*, *serie*, *conjunto*, etc.

2. Resumen gramatical.

– Conjugando verbos

Presente del indicativo

VERBOS	*Yo*	*Tú*	*Usted/Él/Ella*	*Nosotros*	*Ustedes/Ellos/as*
amar	amo	amas	ama	amamos	aman
estimular	estimulo	estimulas	estimula	estimulamos	estimulan
fingir	finjo	finges	finge	fingimos	fingen
morir	muero	mueres	muere	morimos	mueren
poner	pongo	pones	pone	ponemos	ponen
prometer	prometo	prometes	promete	prometemos	prometen
soñar	sueño	sueñas	sueña	soñamos	sueñan

«RESUMEN DE LA UNIDAD»

A- Formación del plural de los nombres o sustantivos.

Podemos formar el plural de tres maneras:

a1) Añadiendo una s. Cuando el singular termina en *vocal no acentuada* o en *e acentuada*. Ejemplos:

alumn*o* ➪ alumn*os*; hombre ➪ hombre*s*; letra ➪ letras; café ➪ cafés; proceso ➪ procesos; alabanza ➪ alabanzas

a2) Añadiendo la sílaba es. Cuando el singular termina en *consonante o vocal acentuada*. Ejemplos:

par ➪ pares; luz ➪ luces; mujer ➪ mujeres; país ➪ países; pez ➪ peces; lápiz ➪ lápices; material ➪ materiales; papel ➪ papeles; virtud ➪ virtudes; bisturí ➪ bisturís; marroquí ➪ marroquíes

Observaciones:

1ª) Exceptúense papá, mamá, sofá.

2ª) Sin modificación alguna. Cuando es palabra grave o esdrújula terminada en s. En este caso se distingue el número por el artículo: el éxtasis, los éxtasis; la dosis, las dosis.

3ª) Como plurales de voces extranjeras, pueden verse citados por la Academia: álbum ➪ álbumes; lord ➪ lores; club ➪ clubes; complot ➪ complots; bar ➪ bares; bloc ➪ blocs; ticket ➪ tickets; gol ➪ goles

4ª) En la formación del plural de palabras extranjeras se suele seguir hoy la norma general de añadir – s, tanto si terminan en vocal como en consonante. Ejemplos: bikini ➪ bikinis; penalti ➪ penaltis;

5ª) Si la consonante final es l, r, o n, el plural regular: revólver ➪ revólveres; chofer ➪ choferes; líder ➪ líderes; mitin ➪ mítines

6ª) Régimen y carácter cambian de lugar el acento para formar el plural: *regímenes, caracteres*.

7ª) Nótese, finalmente, la peculiaridad del español de que el plural masculino encierra los dos géneros. Ejemplos:

Los padres = el padre + la madre.
Los hermanos = el hermano + la hermana.
Los señores = el señor + la señora.
Los marqueses = el marqués + la marquesa.
Los reyes = el rey + la reina, etc.

EJERCICIOS PRÁCTICOS
I. CONTEXTO ORDINARIO
«Texto de lectura»
Mis sueños
[Pablo Jiménez Serrano]

Me dijiste un día: tú serás mi dueño,
prometiste amarme y ser sólo mía,
fingiste un proceso de amor en mis sueños
y así, desde entonces, sueño noche y día

Cada noche un sueño lleno de esperanzas
pone en movimiento mi fiel corazón,
sueños que estimulan luces y alabanzas
y entre pesadillas muero de pasión.

Soñar que al final puedas tú ser mía
parece locura perpetua y sin par,
vivo de mis sueños, pido noche y día
que al final, mañana, me puedas amar.

1.1 Fase Oral

Conociendo la terminología

A- Palabras

alabanza	grandeza	noche	puñado
blancura	locura	par	sueño
conjunto	mañana	pasión	rezo
esperanza	montón	pesadilla	
fidelidad	movimiento	proceso	

B- Verbos

amar	fingir	poner	soñar
estimular	morir	prometer	

Comprensión del texto (explicación estructural)

A – Escuche y confirme la frase usando el sustantivo abstracto adecuado. Ejemplo:

a1) Escuche: *Todo acto noble es propio de...*
a2) Confirme: *nobleza.*

B – Escuche y construya la frase usando el sustantivo abstracto adecuado. Ejemplo:

b1) Escuche: *luz.*
b2) Construya: *La luz revive la vida.*

Fonética

A– Repetición individual (escuche y construya la frase). Ejemplo:

Escuche: _locura_.
Construya: *Ese acto loco representa una locura.*

B – Repetición continua (escuche y repita el texto de lectura)

Discurso directo.

A – Preguntas directas (explique, según el contesto, qué representa)

dueño	noche	luces	locura
proceso de amor	esperanzas	alabanzas	sin par
sueños	movimiento	pasión	

B – Construyendo diálogos. Construya diálogos usando los siguientes verbos:

Amar, estimular, fingir, morir, poner, prometer, soñar.

Discurso indirecto

A – Pregúntele a (...) y cree usted mismo la situación. Ejemplo:

Cuestión: *¿Quién es el dueño de este lápiz?*
Profesor: *Carlos, pregúntale a Marta quién es el dueño de este lápiz.*
Mario: *Marta, ¿quién es el dueño de este lápiz?*
Marta: Soy yo.

B – Dígale que le diga. Ejemplo:

Cuestión: *Hoy es un día de esperanzas.*
Profesor: *Raquel, dígale a María que hoy es un día de esperanzas.*
Raquel: *María, hoy es un día de esperanzas.*

1.2. Fase Escrita

Lectura
A – Escuche el texto y acompañe la lectura en silencio
B – Lea el texto en alta voz cuidando de la pronunciación y entonación

Ejercicios escritos

A – Composición

a1) Haga una composición usando la palabra pasión.
a2) Haga una descripción imaginaria usando el verbo soñar.

B – Dictado (Escuche, escriba, corrija y verifique su escrita)

EJERCICIOS PRÁCTICOS

I. CONTEXTO JURÍDICO

«Texto de lectura»

Conceptos Jurídicos

- **Ambigüedad:** Falta de claridad en las palabras o en las expresiones, que puede causar varias interpretaciones. Falta de precisión en los términos que da la posibilidad del uso de los mismos en diversos sentidos.

- **Efectividad:** Realización de la norma jurídica en el conjunto de las relaciones sociales que regulan. La efectividad de la norma jurídica queda condicionada por el grado de actualización y el valor social que posea.

- **Eficacia:** Calidad de lo que es eficaz y depende de la aplicación de la norma (sanción) y de la debida obediencia de los ciudadanos.

- **Eficiencia:** Acción y capacidad de producir los efectos deseados. Calidad que representa la obtención del fin para el que fue creada la norma.

- **Funcionalidad:** Sentido práctico de la norma. Frecuencia en la utilización de estas normas por los funcionarios.

- **Justicia:** Término que representa la realización de los valores superiores o finales que inspiran un determinado orden jurídico.

- **Vaguedad:** Concepto que se refiere a las palabras que generan dudas, por la incertidumbre de poder incluirlas o no dentro de un significado.

- **Validez:** Cualidad de válido. Existencia legal. Acto hecho cumpliendo todos los requisitos que la ley exige. Pertenencia de la norma a un sistema jurídico.

- **Vigencia:** Que vigora. Forma específica de existencia de la norma y tiene cuatro dominios: espacial, temporal, personal y objetivo o material. Correspondencia de la norma con la realidad socio-económica.

1.1 Fase Oral

Conociendo la terminología

A- Palabras.

ambigüedad	eficacia	incertidumbre	realización
cualidad	eficiencia	interpretación	realidad
claridad	existencia	obediencia	relación
concepto	expresión	obtención	sanción
correspondencia	frecuencia	práctico	vaguedad
duda	funcionalidad	precisión	validez
efectividad	hecho	posibilidad	vigencia

B- Verbos.

actualizar	generar	inspirar	pertenecer
aplicar	incluir	representar	

Comprensión del texto (explicación estructural) Repetir los grupos de palabras dos veces.

Fonética

– **Repetición individual y continua** (escuche y repita).

Discurso directo.

A – Preguntas directas. Preguntas complementarias elaboradas.

B – Construyendo diálogos. Construcción libre (dramatización).

1.2. Fase Escrita.

Lectura
A – Escuche el texto y acompañe la lectura en silencio
B – Lea el texto en alta voz cuidando de la pronunciación y entonación

Ejercicios escritos. Construya oraciones usando los verbos conjugados.

A – Trabajo con el texto: (lectura e interpretación)

– Lea el texto y haga un resumen de su contenido.

B – Dictado (Escuche, escriba, corrija y verifique su escrita)

C – Transcriba para el portugués las siguientes palabras

Español	Portugués
actualización	
ambigüedad	
aplicación	
cualidad	
claridad	
concepto	
correspondencia	
dominio	
duda	
efectividad	
eficacia	
eficiencia	

D- Transcriba para el portugués y conjugue los siguientes verbos

Español	Portugués
generar	
incluir	
inspirar	
representar	
pertenecer	

«RESUMEN DE LA UNIDAD»

A - Ejercicios.

Forme el plural de las siguientes palabras:

análogo ________
árbol ________
cantera ________
camino ________
concesión ________
construcción ________
cultivo ________
dique ________
directa ________
dueño ________
edificio ________
inmueble ________
instrumento ________
lago ________
materia ________
máquina ________
mina ________
obra ________

pendiente ________
permanente ________
pez ________
pintura ________
planta ________
propietario ________
propósito ________
punto ________
real ________
relieve ________
servidumbre ________
río ________
tierra ________
utensilio ________
vaso ________
viva ________
vivero ________
yacimiento ________

eficacia ________
eficiencia ________
grandeza ________
movimiento ________
vida ________
sueño ________
noche ________
día ________
tarde ________
blancura ________
grandeza ________
sabrosura ________
eficacia ________
eficiencia ________
ambigüedad ________
vaguedad ________
docena ________
decena ________

centena	________	montón	________	serie	________
grupo	________	puñado	________	conjunto	________

UNIDAD 4. ADJETIVOS

En el leguaje común y jurídico el nombre o sustantivo, por momento, nos puede parecer general e indefinido; por este motivo, se necesita hacer determinadas especificaciones para dejar comprender a qué cosa o persona estamos haciendo referencia en un determinado diálogo o texto.

Así, restringimos el significado del nombre para que este, de alguna forma, resulte apropiado y preciso. Concretamos una expresión cuando decimos, por ejemplo: norma *jurídica*, regla *eficiente*, texto *importante*, proceso *jurídico*, persona *inteligente*, ley *contradictoria*, norma *eficaz*, derecho *objetivo*, ordenamiento *jurídico* (interno, extranjero, civil, penal, administrativo, laboral, etc.)

Igualmente, si decimos *esta norma*, *ese derecho*, *aquel abogado*, *otro juez*, *cada regla*, estaremos especificando la cosa o persona a la cual nos referimos. De cualquier forma, las palabras *este, ese, aquel, otro y cada*, no nos dan una idea exacta acerca de las características de la cosa o la persona de quienes se habla. Incorporamos al texto una cualidad descriptiva de la cosa o persona, para delimitarla, por medio de adjetivos, que, en este caso, acompañan y modifican al sustantivo.

1. Clasificación.

De acuerdo con su significado, los adjetivos pueden ser:

***A- Calificativos*:** sirven para describir al sustantivo por medio de una cualidad del objeto o persona. Ejemplo: *histórico, jurídico, económico, político, ético, científico,* etc.

Observaciones:

1ª) Cuando decimos la *norma jurídica*, cualificamos el tipo de norma. Aquí el adjetivo *jurídico sólo* se refiere al sustantivo.

2ª) Cuando decimos norma *jurídica operativa* empleamos un adjetivo *explicativo* para destacar aún más la cualidad de la norma.

3ª) Cuando decimos *norma ambigua*, el adjetivo *ambiguo* expresa una idea no contenida dentro del concepto de norma. Aquí no distinguimos un tipo de norma como hacemos cuando especificamos: *norma económica*, *norma social*, *norma política*, vea que todas las normas pueden ser *ambiguas*, *claras*, *justas*.

4ª) Cuando especificamos la norma por medio del calificativo *justas*, estaremos estableciendo una distinción entre una norma y otra, o sea, distinguiendo unas normas de otras por su cualidad y no por su tipo.

5ª) Debemos igualmente distinguir entre el significado de los adjetivos *pospuestos* y los *antepuestos*. Compárese un *pobre abogado* con un *abogado pobre*; un *gran discurso* (excelente, magnífico) con un *discurso grande*; una *gran legislación* (de valor excelente, magnífica) con una *legislación grande* (extensa).

***B- Determinativos*:** estos adjetivos son pronombres con función adjetiva. Ejemplos:

1°) Los *demostrativos*: aquellos que envuelven una relación de lugar y tiempo. Así, *este, esta(s), esto(s), ese, eso(s), aquel, aquella(s) y aquello(s)* son constitutivos de ese grupo. *Este* libro, *aquel* libro, forman una gradación de distancia, en relación con los interlocutores: *este* indica cercanía a la persona que habla; *ese*, a la que escucha y *aquel*, lejanía en general.
2°) Los *indefinidos*: por tener un carácter demostrativo, por momento resultan vagos. Así, por ejemplo, citamos los siguientes: *cualquier día, cierta persona, tal motivo, otro libro.*

3°) Los *posesivos*: señalan una relación de posesión respecto a: a) la persona que habla; b) la que escucha y c) la persona de quien se habla. Así, por ejemplo, verificamos la existencia de las siguientes formas: *mi código*, tu código, su código (el código poseído por mí, por ti, por él). *Mi(s), tu(s) y su(s), nuestro(s), nuestra(s) y vuestro(s), vuestra(s)* forman los adjetivos posesivos.

4°) Los *cuantitativos*: sirven para restringir el concepto del sustantivo delimitándolo en su extensión: *todo el mundo, muchos autores, poca cosa, bastante criterios, algunos doctrinadores, ningún negocio, un solo fiscal, más comida.*

5°) Los *numerales (cardinales, ordinales, múltiplos, partitivos)*: sirven para determinar o señalar una cantidad precisa. Ejemplos:

a) Los *cardinales*, se refieren a una serie natural de números, ejemplos: uno, dos, tres, cuatro, cinco, etc.

b) Los *ordinales* expresan disposición sucesiva, ejemplos: *primero, segundo, tercero, cuarto, quinto, sexto, séptimo, octavo, noveno, décimo, undécimo, duodécimo, decimotercero, decimocuarto, decimoquinto, decimosexto, decimoséptimo, decimoctavo, decimonoveno, vigésimo, trigésimo, cuadragésimo, quincuagésimo, sexagésimo, septuagésimo, nonagésimo, centésimo, ducentésimo, tricentésimo,* etc.

c) Los *múltiplos* expresan multiplicación por la serie natural de los números, ejemplos: doble, triple, cuádruplo, quíntuplo, etc. Los *partitivos* expresan división, ejemplos: *medio, tercio, cuarto (cuarta parte), quinto (quinta parte), sexta (sexta parte),* etc.

6°) Los *distributivos*: sirven para designar un sustantivo en relación con otros. Así, por ejemplo, *ambos amigos* (uno y otro); *cada libro* (uno, con exclusión en turno de los demás); *las demás reglas* (las que quedan, excluyendo una o varias).

7°) Los *interrogativos*: sirven para formular preguntas, ejemplo: *¿qué juez?, ¿cuál proceso? Muchas veces tienen sentido exclamativo: ¡qué problema!*

***C- Atributivos*:** Si decimos: tienes un *hijo inteligente*, el adjetivo *inteligente* es un mero calificativo del sustantivo *hijo*, por medio del cual se le atribuye una cualidad al nombre.

***D- Predicativos*:** Si decimos: ¡*tu trabajo es óptimo* o, *óptimo trabajo*!, el adjetivo *óptimo* tiene un valor esencial de predicado en la oración, refiriéndose a *trabajo*, que es ahora *sujeto*. En este último uso, el adjetivo se suele llamar *predicativo.*

2. Resumen gramatical.

A – Concordancia de nombre y adjetivo

Evidentemente, los nombres o sustantivos deben siempre concordar con los adjetivos. No podemos decir casa *viejos*, sino casa *vieja*, porque el sustantivo *casa* requiere que el adjetivo *vieja* tenga su mismo género femenino y su mismo número singular. Esta identidad de género y número que obligatoriamente debe existir entre un nombre y su adjetivo se llama *concordancia.*

Observación:

Cuando un adjetivo se refiere a varios sustantivos éste (el adjetivo) deberá ir en plural, y en género masculino, si alguno de los nombres fuese masculino. Así, por ejemplo: *Pedro, su madre* y *su hermana* son *ricos*; *ella* y *su prima* vinieron *cansadas*.

B – Forma genérica de los adjetivos

Los adjetivos se adaptan al género y número de los sustantivos que ellos propiamente tienen la función de modificar.

La forma genérica femenina se obtiene del siguiente modo:

1º) Los adjetivos terminados en *o* cambian esta *o* en *a*. Ejemplos:

bello ➪ bella; duro ➪ dura; blanco ➪ blanca; malcriado ➪ malcriada

2º) Los adjetivos terminados en *ete* y *ote* cambian la *e* final en *a*. Ejemplos:

regordete ➪ regordeta; grandote ➪ grandota

3º) Los adjetivos terminados en *an, on* y *or* agregan una *a* a la forma masculina. Ejemplos:

holgazán ➪ holgazana; haragán ➪ haragana; pelón ➪ pelona; peleón ➪ peleona; roedor ➪ roedora

4º) Los adjetivos acabados en consonante que indican nacionalidad cambiarán de la siguiente forma:

andaluz ➪ andaluza; palmero ➪ palmera; habanero ➪ habanera

Observación:

Se debe excluir: *exterior, interior, superior, inferior, mejor, peor, mayor, menor, ulterior.*

5º) Los adjetivos de cualquier otra terminación ofrecen una forma genérica única. Ejemplo: elegante, inteligente, amable, azul, familiar, agradable, cortés, paciente.

C – Forma numérica de los adjetivos

Los adjetivos forman el plural de la misma forma que los sustantivos. Ejemplos:

malo ➪ malos; bribón ➪ bribones; gris ➪ grises; eficaz ➪ eficaces; eficiente ➪ eficientes; válida ➪ válidas; jurídica ➪ jurídicas

Observación:

Nótese que *ambos* y *sendos*, por su naturaleza, solo se usan en plural en sus dos formas genéricas. Lo mismo para con *demás* en su forma única, aunque puede emplearse en singular con sentido colectivo, como en expresiones neutras del tipo *lo demás no tiene importancia*. Por otro lado, *cada* es invariable y acompaña a sustantivos en singular y en plural: *cada tres años, cada cinco días, cada minuto*.

D – Apócope de los adjetivos

Las formas plenas *mío, tuyo, suyo* y femeninas se reducen a *mi, tu, su*, por pérdida de la sílaba final cuando van delante del sustantivo. Este fenómeno gramatical se llama *apócope*. Sobre estas formas apocopadas en singular se forman los plurales *mis, tus, sus*.

Observaciones:

Sufren apócope de la última sílaba o de la última vocal *grande, santo, bueno, malo, alguno, ninguno, primero, tercero y postrero* cuando van inmediatamente delante del sustantivo. Pero obsérvese que esta apócope es solo en las formas masculinas, no en las femeninas. No parece bien decir la *primera vez, la primera persona*, por *la primera vez, la primera persona*. *Grande*, como invariable, admite apócope ante masculinos y femeninos: *el gran día, la gran reina*.

Sobre la palabra *cualquiera* también hay que notar que la apócope *cualquier* vale tanto para el masculino como para el femenino, ya que *cualquiera*, como *grande*, es invariable; *cualquier hombre*, *cualquier mujer*. Las formas erróneas *cualquiera casa*, *cualquiera dificultad*, etc., obedecen a una falsa idea de femenino por la terminación - *a*.

E – Gradación de los adjetivos

Si decimos *Raúl es mejor*, se advierte que el adjetivo *mejor* acompaña predicativamente al sustantivo *Raúl*; pero la idea no está completa, porque *mejor* implica una previa comparación con otro objeto, que aquí falta.

La idea podría completarse diciendo, por ejemplo, *Raúl es mejor que Pedro*, en que resulta haberse comparado a *Raúl* y a *Pedro* en cuanto a la bondad. Obsérvese que el adjetivo mejor no expresa de modo alguno ninguna cualidad; el hecho de ser Raúl mejor que Pedro no quiere decir que Raúl sea bueno; puede incluso ser francamente malo, con tal que Pedro sea peor. De modo que *mejor* solo expresa una simple relación comparativa entre dos objetos en cuanto a la cualidad de bueno.

Entre *bueno* y *mejor* se ha distinguido siempre una diferencia de grado, y se dice que *bueno* está en grado *positivo* y *mejor* en grado *comparativo*. *Bueno* expresa *cualidad* de modo absoluto, y *mejor* de un modo relativo.

En español existen cuatro formas comparativas, derivadas del latín, que son las siguientes:

Mejor	*comparativo de superioridad*, de **bueno**
Peor	*comparativo de superioridad,* de **malo**
Mayor	*comparativo de superioridad,* de **grande**
Menor	*comparativo de superioridad,* de **pequeño**

Hay otras cuatros formas: *anterior, posterior, superior, inferior-* comparativas por el sentido, pero no por la construcción: no se dice *Raúl es inferior que Pedro*, sino *inferior a Pedro*.

En los demás adjetivos puede obtenerse una expresión relativa comparativa analítica con los adverbios *más, menos* y *tan*, antepuestos a los adjetivos, como existía ya en latín para la comparación de *igualdad* e *inferioridad*. De este modo resultan tres tipos de expresión relativa comparativa; con el absoluto *negro* tendremos, por ejemplo:

Comparativo de superioridad	ESTA NORMA **ES MÁS** EFICAZ **QUE AQUELLA**
Comparativo de ***igualdad***	ESTA NORMA **ES TAN** EFICAZ **COMO AQUELLA**
Comparativo de ***inferioridad***	ESTA NORMA **ES MENOS** EFICAZ **QUE AQUELLA**

Muchas veces encontramos un tercer grado, el superlativo, que admite el doble sentido absoluto y relativo: el primero expresa la cualidad poseída absolutamente por el objeto en alto grado; el segundo expresa que el objeto posee la cualidad en grado superior a todos los demás de su grupo. Ejemplo:

- Esta regla jurídica es *importantísima*.

- Esta regla jurídica es *la más importante* entre las demás reglas del Derecho civil chileno.

Esta especial forma del superlativo latino terminada en *issimus* ha pasado al español, pero solo en su sentido absoluto, sin carácter relativo comparativo de ninguna clase.

Los adjetivos españoles admiten, en general, una forma superlativa en *ísimo/a*. Ejemplos:

grande ➪ grandísimo; lindo ➪ lindísimo; mucho ➪ muchísimo; malo ➪ malísimo

También existen otras formas por medio de las cuales podemos expresar comparación:

óptimo ➪ de bueno; pésimo ➪ de malo; máximo ➪ de grande; mínimo ➪ de pequeño

Observación:

Los adjetivos que terminan en *n* o en *r* suelen formar el superlativo en *císimo*. Ejemplo:

joven ➪ jovencísimo; hablador ➪ habladorcísimo; caminador ➪ caminadorcísimo; asustador ➪ asustadorcísimo

F – Adjetivos sustantivados

Con la expresión *casa blanca* designamos a la casa (concepto sustantivo) su cualidad (concepto añadido), adjetivo de blanca.

Una cualidad puede adquirir en cientos momentos un carácter sustantivo cuando somos capaces de reconocer el objeto al cual se hace referencia.

La sustantivación del adjetivo se produce cuando el sustantivo pierde interés para el interlocutor por diversas razones (asunto conocido o sobreentendido). Así, por ejemplo, encontramos:

el segundo ➪ el segundo coche; el barrendero ➪ persona que barre; la encargada ➪ persona encargada; el responsable ➪ persona responsable; el dedicado ➪ persona dedicada

Igualmente, el adjetivo puede incorporar al sustantivo, destacándose la personalidad masculina o femenina, por ejemplo:

las cariñosas ➪ personas cariñosas; los animadores ➪ personas que animan

Existen adjetivos sustantivados abstractos que se forman junto al artículo, y, por consiguiente, el género masculino. Ejemplos:

el visitante ➪ persona que visita; el interesado ➪ persona interesada; el forastero ➪ persona extraña, peregrina

G – Conociendo algunos colores.

amarillo	gris	oscuro	verde
azul	marrón	(tonalidad)	
blanco	naranja	rojo	
claro (tonalidad)	negro	rosado	

H – Conociendo los adjetivos antónimos.

lleno ≠ vacío; mucho ≠ poco; bueno ≠ malo; eficiente ≠ deficiente; grande ≠ pequeño (chiquito, chiquitito, chiquitico); gordo ≠ fino; corto ≠ largo; ancho ≠ estrecho; alto ≠ bajo; pesado ≠ liviano;

fuerte ≠ débil; duro ≠ blando (blandito); caliente (tibio) ≠ frío (helado); rápido ≠ lento

3. El adjetivo en el contexto jurídico.

A – Adjetivos sustantivados

Con la expresión *norma válida* designamos a la norma (concepto sustantivo) su cualidad (concepto añadido), adjetivo de válida.

Una cualidad puede adquirir en cientos momentos un carácter sustantivo cuando somos capaces de reconocer el objeto al cual se hace referencia.

La sustantivación del adjetivo se produce cuando el sustantivo pierde interés para el interlocutor por diversas razones (asunto conocido o sobreentendido). Así, por ejemplo, encontramos:

el tercero ➪ el artículo tercero; la superior ➪ la norma jerárquicamente superior; el Derecho ➪ la Ciencia del Derecho o la Ciencia Jurídica; la interpretación ➪ la interpretación jurídica

Igualmente, el adjetivo puede incorporar al sustantivo, destacándose la personalidad masculina o femenina, por ejemplo:

las partes ➪ personas o sujetos del proceso o personas contratantes; el vendedor ➪ persona que vende;
el comprador ➪ persona que compra; el donador ➪ persona que dona; el donatario ➪ persona que recibe en donación; los cónyuges ➪ marido y mujer- sujetos del matrimonio; el testador ➪ persona que otorga testamento; el propietario ➪ persona propietaria; el poseedor ➪ persona poseedora; el deudor ➪ persona que debe; los testigos ➪ personas que prestan testimonio; los herederos ➪ personas sucesoras; el prestamista ➪ persona que presta bienes o dinero; el asegurador ➪ persona que asegura

Existen adjetivos sustantivados abstractos que se forman junto al artículo, y, por consiguiente, el género masculino. Ejemplos:

el extranjero ➪ persona extranjera; el ausente ➪ persona ausente o presuntamente muerta; el nacional ➪ persona de la nacionalidad (...); el capaz ➪ persona con capacidad jurídica

Nótese que el artículo masculino da un sentido más restringido al adjetivo y tiende a fijarlo como verdadero sustantivo. El artículo neutro, en cambio, no olvida el carácter adjetivo de la palabra a la que acompaña, puesto que él mismo viene a tener un carácter sustantivo, con el significado de "*la parte* (actora o demandada)", "*las cosas* (muebles, objeto del contrato)", "*la calidad* (de la norma)".

B – Concordancia de nombre y adjetivo

En el contexto jurídico, evidentemente, los nombres o sustantivos deben siempre concordar con los adjetivos. Son los casos de *norma jurídica*, *acto jurídico*, *negocio jurídico*. No es permitido decir *pacto jurídico*. Los siguientes ejercicios servirán para comprender esta concordancia.

b1) Forma genérica femenina de los adjetivos

En el contexto jurídico y en idioma español en general, la forma genérica femenina se obtiene del siguiente modo:

Los adjetivos terminados en *o* cambian esta *o* en *a*. Ejemplos:

jurídico ➪ jurídica; oportuno ➪ oportuna; contradictorio ➪ contradictoria; válido ➪ válida

Los adjetivos terminados en *r* adicionan a ésta, *una a*. Ejemplos:

investigador ➪ investigadora; poseedor ➪ poseedora; doctrinador ➪ doctrinadora; negociador ➪ negociadora; mediador ➪ mediadora

Observaciones:

- Se debe excluir: *exterior, interior, superior, inferior, mejor, peor, mayor, menor, ulterior*.

- Los adjetivos de cualquier otra terminación ofrecen una forma genérica única. Ejemplo: elegante, inteligente, amable, azul, familiar, agradable, cortés, paciente, *eficaz, eficiente, funcional, coherente*.

b2) Formación del plural de los adjetivos

Los adjetivos forman el plural de la misma forma que los sustantivos. Ejemplos:

jurídico ➪ jurídicos; eficaz ➪ eficaces; eficiente ➪ eficientes; válida ➪ válidas; jurídica ➪ jurídicas

EJERCICIOS PRÁCTICOS

I. CONTEXTO ORDINARIO

«Texto de lectura»

Poema del domingo triste

[José Angel Buesa]

Este domingo triste pienso en ti dulcemente
y mi vieja mentira de olvido ya no miente.
La soledad a veces es peor castigo, ah,
¡pero qué alegre todo si estuvieras conmigo!

Entonces no querría mirar las nubes grises
formando extraños mapas de imposibles países
y el monótono ruido del agua no sería
el motivo secreto de mi melancolía.
Este domingo triste nace de algo que es mío,
que quizás es tu ausencia y quizás es mi hastío,
mientras corren las aguas por la calle en declive y el corazón se muere de un ensueño que vive.

La tarde pide un poco de sol, como un mendigo,
y acaso hubiera sol si estuvieras conmigo,
y tendría la tarde, fragantemente muda,
el ingenuo impudor de una niña desnuda.

Si estuvieras conmigo, amor que no volviste.
OH, ¡qué alegre me sería este domingo triste!

1.1 Fase Oral

Conociendo la terminología

A – Palabras

alegre	ingenuo	muda	quizás
calle	melancolía	nube	ruido
desnuda	mendigo	peor	secreto
importante	monótono	profesional	soledad
imposible	morena	privada	vieja

B – Verbos

castigar	mentir	olvidar	volver
correr	mirar	pensar	

Comprensión del texto (explicación estructural)

– **Escuche, examine y construya la frase usando el adjetivo adecuado.** Ejemplo:

Escuche: *El niño está...*
Examine: *alegre.*
Construya: *El niño está alegre.*

Fonética

A– Repetición individual
B – Repetición continua **(escuche y repita el texto de lectura)**

Discurso directo.

A – Preguntas directas. Responda:

¿Usted está triste?
¿Ella es rubia o morena?
¿Eres soltera o casada?
¿Te consideras una mujer joven?
¿El día está claro?
¿Tu pantalón es rojo?
¿El brasileño es alegre?

B – Construyendo diálogos. Construyan diálogos usando los siguientes adjetivos.

alegre	gris	interesado	privada
desnuda	importante	monótono	ruidoso
dulce	imposible	morena	secreto
extraño	ingenuo	muda	

C – Preguntas al profesor. Ejemplos:

Respuesta: *No, todos los estudiantes están alegres.*
Pregunta: *¿Todos los estudiantes están tristes?*
Respuesta: *No, todos los estudiantes están alegres.*

Respuesta: *Sí, es una calle oscura.*
Pregunta: *¿Esa es una calle oscura?*
Respuesta: *Sí, es una calle oscura.*

Discurso indirecto

A – Pregúntele a (...) - y cree usted mismo la situación. Ejemplo:

Cuestión: *¿Hay muchas rosas rojas en este jardín?*
Profesor: X, *pregúntale a Y si hay muchas rosas rojas en este jardín.*
X: *Y, ¿hay muchas rosas rojas en este jardín?*
Y: *Sí, hay muchas rosas rojas en este jardín.*

B – Dígale que le diga o dígale que le pregunte. Ejemplo:

Cuestión: *No hay preguntas fáciles.*
Profesor: X, *dígale a Y que le diga a Z que no hay preguntas fáciles.*
X: *Y, dile a Z que no hay preguntas fáciles.*
Y: *Z, no hay preguntas fáciles.*

1.2. Fase Escrita

Lectura
A – Escuche el texto y acompañe la lectura en silencio
B – Lea el texto en alta voz cuidando de la pronunciación y entonación

Ejercicios escritos

A – Composición. Haga una composición usando los verbos anteriormente conjugados.

B – Dictado (Escuche, escriba, corrija y verifique su escrita)

EJERCICIOS PRÁCTICOS
I. CONTEXTO JURÍDICO
«Texto de lectura»
Reglas Jurídicas

- Se reputan bienes muebles los susceptibles de apropiación (...), y en general todos los que se pueden transportar de un punto a otro sin menoscabo de la cosa inmueble a que estuvieren unidos. (Artículo 335 del Código Civil Español)

- Tienen también la consideración de cosas muebles las rentas o pensiones, sean vitalicias o hereditarias, afectas a una persona o familia, siempre que no graven con carga real una cosa inmueble, los oficios enajenados, los contratos sobre servicios públicos y las cédulas y títulos representativos de préstamos hipotecarios. (Artículo 336 del Código Civil Español)

- Los bienes muebles son fungibles o no fungibles. A la primera especie pertenecen aquellos de que no puede hacerse el uso adecuado a su naturaleza sin que se consuman; a la segunda especie corresponden los demás. (Artículo 337 del Código Civil Español)

1.1 Fase Oral

Conociendo la terminología

A- Palabras.

adecuado	eficaz	hereditaria	susceptible
apropiación	eficiente	obediencia	vitalicia
condicionada	espacial	pensión	
dudoso	funcional	personal	
efectiva	fungible	precisa	

B- Verbos.

consumir	reputar
gravar	transportar

Comprensión del texto (explicación estructural). Deduzca el significado de las siguientes frases:

1ª) Bienes muebles los susceptibles de apropiación (...)
2ª) Bienes muebles, y en general todos los que se pueden transportar de un punto a otro sin menoscabo de la cosa inmueble a que estuvieren unidos.

3ª) Cosas muebles: las rentas o pensiones, sean vitalicias o hereditarias.

4ª) Los bienes muebles son fungibles o no fungibles.

Fonética

– **Repetición individual y continua** (escuche y repita).

Discurso directo.

A – **Preguntas directas.** Preguntas complementarias elaboradas por el profesor.

¿Qué es norma jurídica?
¿Cuál es la diferencia que existe entre regla y norma jurídica?
¿Cuándo una norma jurídica es considerada eficiente?
¿Cuándo una norma jurídica es considerada eficaz?
¿Cuándo una norma jurídica es operativa?
¿Cuándo una norma jurídica es ambigua?

B – Construyendo diálogos.

– Construcción libre (dramatización) usando las siguientes palabras y frases.
- *Un texto importante.*
- *El proceso jurídico.*
- *Un abogado inteligente.*
- *Las leyes contradictorias.*
- *Derecho objetivo.*
- *Ordenamiento jurídico interno y extranjero.*

1.2. Fase Escrita.

Lectura
A – Escuche el texto y acompañe la lectura en silencio
B – Lea el texto en alta voz cuidando de la pronunciación y entonación

Ejercicios escritos. Construya oraciones usando los verbos conjugados.

A – Trabajo con el texto: (lectura e interpretación)

– Lea el texto y haga un resumen de su contenido.

B – Dictado (Escuche, escriba, corrija y verifique su escrita)

C – Transcriba para el portugués las siguientes palabras

Español	Portugués
actualizada	
adecuado	
ambigua	
apropiación	
carga	
cédula	
clara	
condicionada	
dudoso	
efectiva	
eficaz	
eficiente	

D- Transcriba para el portugués y conjugue los siguientes verbos

Español	Portugués
consumir	
gravar	
reputar	
transportar	

«RESUMEN DE LA UNIDAD»

- Ejercicios:

a) Forme el femenino

interno ________	ambiguo ________
extranjero ________	extenso ________
histórico ________	magnífico ________
jurídico ________	
económico ________	
político ________	
ético ________	
científico ________	
operativo ________	

b) Forme el plural

derecho ________	este ________
objetivo ________	esta ________
ordenamiento ________	esto ________
jurídico ________	ese ________
civil ________	eso ________
alguacil ________	aquel ________
penal ________	aquella ________
administrativo ________	aquello ________
laboral ________	persona ________
social ________	tal motivo ________
esta norma ________	otro libro ________
ese derecho ________	autor ________
aquel abogado ________	cosa ________
otro juez ________	criterio ________
legislación ________	negocio ________
excelente ________	fiscal ________
corredor ________	

UNIDAD 5. ACCIDENTES GRAMATICALES

Los accidentes gramaticales son definidos como modificaciones que experimentan las palabras. Así, por ejemplo, entre *estudio* y *estudié* se expresa la actividad pero en tiempos diferentes: actual, *estudio*; en tiempo pasado, *estudié*. Tal diferencia es considerada un accidente de tiempo. Cada parte de la oración tiene sus accidentes característicos. En los sustantivos y adjetivos, tal como ya explicamos, estos accidentes son de *género* y *número*. En la presente unidad estudiaremos, específicamente, los accidentes gramaticales relativos al tiempo.

1. Los verbos

En cada una de las unidades y lecciones anteriores necesariamente usamos y conjugamos verbos. Como fue visto, el verbo es la palabra que expresa la idea de una acción que *fue* (pasado), *es* (presente) o *será* (futuro) ejecutada por uno o varios sujetos.

1.1. Clases de verbos

Existen diversas formas de clasificar los verbos. Aquí resumimos las siguientes:

a) Verbos activos que indican acción:

– transitivos: relativos a un sujeto y un objeto, ejemplos: Pablo *ha investigado*, *ha interrogado*, *ha entregado,* etc.
– intransitivos: no están referidos a un objeto, ejemplo: *el cliente ha pagado*.

b) Verbos de estado: se refieren solamente a un sujeto, ejemplos: *José duerme bien, Juan vive en Cuba* y otras formas donde podemos usar los siguientes verbos: *llegar, nacer, morir, parecer y correr.*

c) Verbos reflexivos; verbos donde el sujeto y el objeto coinciden o donde la acción recae en el sujeto, ejemplo: *morirse, arrepentirse, alabarse, indignarse, quejarse.* Se usan también las siguientes formas:

– yo *me muero,* tú *te mueres,* él *se muere,* nosotros *nos morimos,* ellos *se mueren,* ustedes *se mueren.*
– yo *me arrepiento,* tú *te arrepientes*, él *se arrepiente*, nosotros *nos arrepentimos*, ellos *se arrepienten,* ustedes *se arrepienten.*
– yo *me alabo,* tú *te alabas,* él *se alaba,* nosotros *nos alabamos,* ellos *se alaban,* ustedes *se alaban.*
– yo *me indigno,* tú *te indignas,* él *se indigna,* nosotros *nos indignamos,* ellos *se indignan,* ustedes *se indignan.*
– yo *me quejo,* tú *te quejas,* él *se queja,* nosotros *nos quejamos,* ellos *se quejan,* ustedes *se quejan.*

d) Verbos recíprocos: tienen por sujetos a dos o más personas que interactúan recíprocamente, ejemplo: nos comunicamos, nos hablamos, nos queremos. Son también recíprocos *amarse, besarse, acariciarse, odiarse*.

e) Verbos unipersonales: donde el sujeto resulta confuso y generalmente se indican fenómenos atmosféricos, ejemplos: *llover, atardecer, anochecer, tronar, relampaguear, amanecer*, *oscurecer*.

f) Verbos auxiliares: contribuyen e intervienen en la formación de expresiones donde usamos otros verbos. Los más comunes son: *haber* y *ser*, independientemente que se usen otras formas como *estar, tener, ir, venir*. De aquí resultan dos formas de vincular o no vincular los verbos: la forma simple, ejemplo, *discursé, comparé, saludé* y la forma compuesta, ejemplo, *he discursado, ha comparado, han saludado.*

2. Resumen gramatical.

A – Sobre la conjugación del verbo

El verbo, de acuerdo con la situación, puede adoptar formas diferentes. Así, los accidentes gramaticales a los cuales se refiere la variación de los verbos son: *persona y número, modo y tiempo.* La conjugación puede ser definida como una actividad por medio de la cual determinamos las formas que puede adoptar un verbo al expresar un significado.

Tiempo Presente

VERBO	***Yo***	***Tú***	***Usted/Él/Ella***	*Nosotros*	***Ustedes/Ellos/as***
cantar	cant<u>o</u>	cant<u>as</u>	cant<u>a</u>	canta<u>mos</u>	cant<u>an</u>

Tiempo Pretérito Imperfecto

VERBO	***Yo***	***Tú***	***Usted/Él/Ella***	*Nosotros*	***Ustedes/Ellos/as***
cantar	cant<u>aba</u>	cant<u>abas</u>	cant<u>aba</u>	cant<u>ábamos</u>	cant<u>aban</u>

a2) Modos

Se conocen tres modos verbales:

a) *indicativo*: a través del cual se expresa una acción;
b) *subjuntivo*: representando la idea de la persona que habla;
c) *imperativo*: expresa una orden o mandato.

a3) Tiempos verbales

La acción verbal recae en tres momentos claves:

a) en tiempo presente: Ejemplo, yo *explico*.
b) en tiempo pasado o pretérito: Ejemplo, yo *expliqué*.
c) en tiempo futuro: Ejemplo, yo explicaré.

También en el idioma español se distingue tres tiempos:

a) imperfecto: expresan una acción todavía no acabada (incompleta).
b) perfecto: expresan una acción acabada.
c) indefinido: expresan una circunstancia indeterminada.

Así, los tiempos del modo indicativo son los siguientes:

1. presente. Ejemplo: *explico.*

2. pretéritos:

a) imperfecto. Ejemplo: *explicaba.*
b) perfecto. Ejemplo: *he explicado*.
c) indefinido. Ejemplo: *expliqué.*
d) pluscuamperfecto. Ejemplo: *había explicado.*
e) anterior. Ejemplo: *hube explicado*.

3. futuros:

a) imperfecto. Ejemplo: *explicaré.*
b) perfecto. Ejemplo: *habré explicado*.
c) potencial simple. Ejemplo: *explicaría.*
d) potencial compuesto. Ejemplo: *habría explicado*.

Observaciones

1ª) El modo imperativo no puede tener mas que un tiempo (el presente) y una persona, la segunda, ejemplo: *explica* (tú) y *explicad* (vosotros).

2ª) El infinitivo terminado en *ar, er, ir*, es realmente el nombre de la acción verbal y este se usa para denominar el verbo. Ejemplo: explicar.

3ª) El participio termina en *ado, ido, to, so, cho*. Ejemplos: *explicado*, *entendido, visto, ,dicho*.

4ª) El gerundio termina en *ando* o *iendo*. Ejemplo: *explicando* y *entendiendo*.

5ª) La voz verbal puede ser activa, ejemplo, *explico, advierto* y pasiva: era explicado, soy advertido.

B –Verbos irregulares y regulares

a) Irregulares

El verbo que, al ser conjugado, modifica toda su estructura original. Ejemplo: apretar, caber, dar, decir, envejecer, gemir, huir, ir, lucir, morder, morir, oír, saber, sentir, traer, venir, vestir, ver.

b) Regulares

Verbos que se adaptan siempre a un segundo verbo. Estos verbos se clasifican según su terminación: *ar* (primera conjugación), *er* (segunda conjugación), *ir* (tercera conjugación) todas del infinitivo.

C – Formación del presente continuo (gerundio: *-ando, -endo*). Ejemplos:

- *Estamos visitando* la ciudad de Santiago de Cuba.

- *Estamos investigando un asunto importante.*
- *Estoy muriendo de amor por ti.*
- *Estoy corriendo un riesgo con este contrato.*

EJERCICIOS PRÁCTICOS
I. CONTEXTO ORDINARIO
«Texto de lectura»
Poema del renunciamiento
[José Angel Buesa]

Pasarás por mi vida sin saber que pasaste.
Pasarás en silencio por mi amor, y al pasar,
fingiré una sonrisa, como un dulce contraste
del dolor de quererte ... y jamás lo sabrás.

Soñaré con el nácar virginal de tu frente;
soñaré con tus ojos de esmeraldas de mar;
soñaré con tus labios desesperadamente;
soñaré con tus besos ... y jamás lo sabrás.

Quizás pases con otro que te diga al oído
esas frases que nadie como yo te dirá;
y, ahogando para siempre mi amor inadvertido,
te amaré más que nunca ... y jamás lo sabrás.

Yo te amaré en silencio, como algo inaccesible,
como un sueño que nunca lograré realizar;
y el lejano perfume de mi amor imposible
rozará tus cabellos ... y jamás lo sabrás.

Y si un día una lágrima denuncia mi tormento,
-- el tormento infinito que te debo ocultar --
te diré sonriente: "No es nada ... ha sido el viento".
Me enjugaré la lágrima... ¡y jamás lo sabrás!

1.1 Fase Oral

Conociendo la terminología

A – Palabras

dolor	lágrima	más	viento
jamás	lejano	sonrisa	

B – Verbos

ahogar	denunciar	ocultar
enjugar	lograr	rozar

Comprensión del texto (explicación estructural)

– **Escuche el verbo, verifique el tiempo y construya la frase adecuadamente.** Ejemplo:

Escuche: *estudiar.*
Verifique: *presente.*
Construya: *Yo estudio la lección.*

Fonética

A– Repetición individual (escuche y repita).
B – Repetición continua (escuche y repita el texto de lectura)

Discurso directo.

A – Preguntas directas. Construcción del gerundio. Ejemplo:

Verbo: *reír.*
Formación del gerundio: *riendo.*
Pregunta: *¿Tú te estás riendo de mí?*

B – Formación del futuro: Conjugación del verbo *IR + la palabra (A) + INFINITIVO*

Ejemplo:

Examine: *...a tomar cerveza.*
Analice: *ir – yo.*
Construya: *Yo voy a tomar cerveza.*

C – Construyendo diálogos. Construya diálogos conjugando los verbos en tres tiempos.

D – Preguntas al profesor. Ejemplo:

(R1) = Respuesta usando el pasado: *Sí, muchos abogados trabajaron aquí.*
(P) = Pregunta usando el presente: *¿Trabajan muchos abogados aquí?*
(R2) = Respuesta usando el futuro: *Sí, muchos abogados trabajarán aquí.*

Discurso indirecto

A – Pregúntele a (...). y cree usted mismo la situación. Ejemplo:

Cuestión: *¿Vinieron muchos estudiantes a la fiesta?*
Profesor: X, *pregúntale a Y si vinieron muchos estudiantes a la fiesta.*
X: *Y, ¿vinieron muchos estudiantes a la fiesta?*
Y: *Sí, vinieron muchos estudiantes a la fiesta.*

B – Dígale que le diga o dígale que le pregunte. Ejemplo:

Cuestión: *Habrá alguien en la universidad esperando por ti.*
Profesor: X, *dígale a Y que le diga a Z que habrá alguien en la universidad esperando por él.*
X: *Y, dile a Z que habrá alguien en la universidad esperando por él.*
Y: *Z, habrá alguien en la universidad esperando por ti.*

1.2. Fase Escrita

Lectura

A – Escuche el texto y acompañe la lectura en silencio

B – Lea el texto en alta voz cuidando de la pronunciación y entonación

Ejercicios escritos

A – Composición. Haga una composición conjugando verbos y usando el tiempo presente, pasado y futuro.

B – Dictado (Escuche, escriba, corrija y verifique su escrita)

C – Transcriba para el portugués las siguientes palabras

Español	Portugués
beso	
cabello	
contraste	
desesperadamente	
dolor	
esmeralda	
frase	
frente	
inaccesible	
inadvertido	
infinito	
jamás	

D – Transcriba para el portugués y conjugue los siguientes verbos

Español	Portugués
ahogar	
enjugar	
denunciar	
lograr	
ocultar	
rozar	

«RESUMEN DE LA LECCIÓN»

A – Determine el tiempo en que fueron conjugados los siguientes verbos en el poema

1. Pasarás por mi vida: _____________

2. (...) sin saber que pasaste: _____________ y _____________

3. Fingiré una sonrisa: _____________

4. (...) jamás lo sabrás: _____________

5. Soñaré con el nácar: _____________

6. Quizás pases con otro: _____________

7. (...) que te diga al oído: _____________

8. (...) ahogando para siempre: _____________

9. (...) amor inadvertido: _____________

10. (...) te amaré más que nunca: _____________

11. Yo te amaré en silencio: _____________

12. (...) un sueño que nunca lograré realizar: _____________ y _____________

13. (...) rozará tus cabellos: _____________

14. Y si un día una lágrima denuncia mi tormento: _____________

15. (...) tormento infinito que te debo ocultar: _____________

16. (...) te diré sonriente: _____________

17. No es nada: _____________

18. (...) ha sido el viento: _____________

19. Me enjugaré la lágrima: _____________

B – Transcriba para el portugués las siguientes expresiones de tiempo

Español	Portugués
ahora	
en este momento	
en este mismo momento	
hoy	
ayer	
anteayer	
mañana	
pasado mañana	

EJERCICIOS PRÁCTICOS

I. CONTEXTO JURÍDICO

«Texto de lectura»

Reglas Jurídicas

- 1. Las fuentes del ordenamiento jurídico español son la ley, la costumbre y los principios generales del derecho.

2. Carecerán de validez las disposiciones que contradigan otra de rango superior.

3. La costumbre sólo regirá en defecto de ley aplicable, siempre que no sea contraria a la moral o al orden público y que resulte probada. Los usos jurídicos que no sean meramente interpretativos de una declaración de voluntad tendrán la consideración de costumbre.

4. Los principios generales del derecho se aplicarán en defecto de ley o costumbre, sin perjuicio de su carácter informador del ordenamiento jurídico.

5. Las normas jurídicas contenidas en los tratados internacionales no serán de aplicación directa en España en tanto no hayan pasado a formar parte del ordenamiento interno mediante su publicación íntegra en el Boletín Oficial del Estado.

6. La jurisprudencia complementará el ordenamiento jurídico con la doctrina que, de modo reiterado, establezca el Tribunal Supremo al interpretar y aplicar la ley, la costumbre y los principios generales del derecho.

7. Los Jueces y Tribunales tienen el deber inexcusable de resolver en todo caso los asuntos de que conozcan, ateniéndose al sistema de fuentes establecido. (Artículo 1 del Código Civil Español)

- 1. Las leyes entrarán en vigor a los veinte días de su completa publicación en el Boletín Oficial del Estado, si en ellas no se dispone otra cosa.

2. Las leyes sólo se derogan por otras posteriores. La derogación tendrá el alcance que expresamente se disponga y se extenderá siempre a todo aquello que en la ley nueva, sobre la misma materia, sea incompatible con la anterior. Por la simple derogación de una ley no recobran vigencia las que ésta hubiere derogado.

3. Las leyes no tendrán efecto retroactivo si no dispusieren lo contrario. (Artículo 2 del Código Civil Español)

- La posesión y utilización continuada de la nacionalidad española durante diez años, con buena fe y basada en un título inscrito en el Registro Civil, es causa de consolidación de la nacionalidad, aunque se anule el título que la originó. (Artículo 18 del Código Civil Español)

- La donación de cosa mueble podrá hacerse verbalmente o por escrito.

La verbal requiere la entrega simultánea de la cosa donada.

Faltando este requisito, no surtirá efecto si no se hace por escrito y consta en la misma forma la aceptación. (Artículo 632 del Código Civil Español)

- Si la donación se hubiere hecho imponiendo al donatario la obligación de pagar las deudas del donante, como la cláusula no contenga otra declaración, sólo se entenderá aquél obligado a pagar las que apareciesen contraídas antes. (Artículo 642 del Código Civil Español)

1.1 Fase Oral

Conociendo la terminología

A- Palabras.

contraria	fuente	moral
doctrina	jurisprudencia	principio

B- Verbos.

Aceptar,
alcanzar, anular,
contraer
Declarar, derogar
Extender, faltar,
Imponer,
interpretar
originar
publicar
recobrar
reiterar
requerir

Comprensión del texto (explicación estructural)

– Determine el tiempo en que fueron conjugados los siguientes verbos en las anteriores reglas jurídicas

1. Las fuentes del ordenamiento jurídico español son la ley, la costumbre y los principios generales del derecho: _____________

2. Carecerán de validez las disposiciones que contradigan otra de rango superior: _____________ y _____________

3. La costumbre sólo regirá en defecto de ley aplicable: _____________

4. Los principios generales del derecho se aplicarán en defecto de ley o costumbre: _____________

5. La jurisprudencia complementará el ordenamiento jurídico: _____________

6. Los Jueces y Tribunales tienen el deber inexcusable de resolver en todo caso los asuntos de que conozcan: _____________ , _____________ y _____________

7. Las leyes entrarán en vigor a los veinte días de su completa publicación en el Boletín Oficial del Estado: _____________

8. Las leyes sólo se derogan por otras posteriores: _____________

9. Las leyes no tendrán efecto retroactivo si no dispusieren lo contrario: _____________ y _____________

10. Faltando este requisito, no surtirá efecto si no se hace por escrito y consta en la misma forma la aceptación: _____________ , _____________ y _____________

Fonética

– Repetición individual y continua (escuche y repita).

Discurso directo.

A – Preguntas directas. Preguntas complementarias elaboradas por el profesor.

B – Construyendo diálogos. Construcción libre (dramatización).

1.2. Fase Escrita.

Lectura
A – Escuche el texto y acompañe la lectura en silencio
B – Lea el texto en alta voz cuidando de la pronunciación y entonación

Ejercicios escritos. Construya oraciones usando algunos verbos conjugados.

A – Trabajo con el texto: (lectura e interpretación)

– Lea el texto y haga un resumen de su contenido.

B – Dictado (Escuche, escriba, corrija y verifique su escrita)

C – Transcriba para el portugués las siguientes palabras

Español	Portugués
contraria	
doctrina	
fuente	
jurisprudencia	
moral	
principio	

D- Transcriba para el portugués y conjugue los siguientes verbos

Español	Portugués
aceptar	
alcanzar	
anular	
aparecer	
aplicar	
basar	
consolidar	
constar	
contener	
continuar	
contraer	
declarar	
derogar	
extender	

SEGUNDA PARTE: COMPRENSIÓN, INTERPRETACIÓN Y TRADUCCIÓN DE TEXTOS JURÍDICOS

«Texto 1»

Área escogida: "Ciencias Jurídicas".

Asunto escogido: "Cuestiones vinculadas a la Metodología de la Ciencia del Derecho".
Tema escogido: "Teoría General del Derecho". [Notas tomadas de la obra de Norberto BOBBIO. Bogotá: Temis, 1987, p 38 y 129].

"Estructura lógico - lingüística de la norma jurídica"

"Toda proposición prescriptiva, y por ende también las normas jurídicas, está formada por dos elementos constitutivos y por consiguiente indefectibles: el sujeto, a quien se dirige la norma, o sea el destinatario, y el objeto de la prescripción, o sea, la acción prescrita.

Como toda proposición, también la norma tiene su estructura lógico-lingüística, que puede ser llamada de los más diversos contenidos. Así como la estructura del juicio 'S es P' vale tanto para la proposición: 'Sócrates es mortal', como para la proposición: 'La ballena es un mamífero', así mismo la estructura de la norma: 'Si es A, debe ser B' vale tanto para la prescripción: 'Si has pisado las flores, debes pagar la multa', como para la prescripción: 'Si has matado con premeditación, deberás sufrir la cadena perpetua'".

✎ Ejercicios ✍

1. Lectura y comprensión
- Lea e interprete el texto.

1.1. Preguntas sobre el texto
- *¿Qué es una proposición normativa?*
- *¿Qué es una proposición prescriptiva?*
- *¿Cuáles son los elementos constitutivos de la norma jurídica, de acuerdo con el autor citado?*
- *Cite una norma cuya estructura respete y se refiera al juicio "S es P"*
- *Cite una norma cuya estructura respete y se refiera al juicio "Si es A, debe ser B"*

2. Interpretación y resumen
Explique la estructura lógico- lingüística de la norma jurídica, de acuerdo con los criterios del citado autor.

3. Traducción
Traduzca el texto al idioma portugués

«Texto 2»

Área escogida: "Ciencias Jurídicas".

Asunto escogido: "Cuestiones vinculadas al Derecho Procesal".
Tema escogido: "Proceso, jurisdicción y litigio". [Conceptos diversos].

"Distinción entre proceso, jurisdicción y litigio"

El proceso es una institución jurídica que tiene por objeto la satisfacción de determinados intereses (denominadas técnicamente pretensiones que son conocidas por órganos estatales).

Jurisdicción propiamente se identifica con aquel sistema de órganos estatales que han de intervenir en el proceso. La jurisdicción representa el poder o autoridad que se ejerce para gobernar y ejecutar las leyes.

La jurisdicción expresa una función jurídica mediante la cual se otorga derecho a las partes en determinados procesos. Así queda demostrado que ambas categorías (jurisdicción y proceso) son correlativas, pues la jurisdicción se constituye como requisito esencial del proceso ya que su ausencia impide el conocimiento de fondo de la pretensión formulada.

Mediante el proceso una persona natural o jurídica reclama la tutela de un derecho frente a otra que de hecho la niega, generándose de esta forma un litigio jurídico que conoce y resuelve por el tribunal correspondiente.

El proceso reproduce y representa al litigio ante el juez (órgano estatal). "El litigio, aunque no es proceso, está dentro de él, pues sirve para conocerlo, mediando entre ellos la misma relación que existe entre continente y contenido". (Carnelutti, 1944: 3)

✎ Ejercicios ✎

1. Lectura y comprensión
- Lea e interprete el texto.

1.1. Preguntas sobre el texto
- Las diferencias que existen entre la jurisdicción y el proceso.
- El vínculo que existe entre proceso y litigio.

2. Interpretación y resumen
Resuma en un párrafo la idea central del texto.

3. Traducción
Traduzca el texto al idioma portugués

«Texto 3»

Área escogida: "Ciencias Jurídicas".

Asunto escogido: "Cuestiones vinculadas al Derecho Civil".
Tema escogido: "La obligación como una categoría jurídica".

"La obligación como categoría jurídica"

La categoría "obligación" etimológicamente se explica a través de los términos "ob" que significa alrededor y "ligare" que representa unir, atar, encadenar, ligar, amarrar. Así, entiéndase la obligación como un lazo que ata respectivamente en sus extremos a los sujetos acreedor y deudor, planteándose la relación de créditos, deudas y derechos, que vincula a dichos sujetos.

La obligación es una relación jurídica que faculta a una persona para exigir de otra una prestación que puede consistir en dar, hacer o no hacer alguna cosa. Igualmente, se puede identificar la obligación con el vínculo jurídico que se establece entre dos sujetos, en virtud del cual uno de ellos (deudor) debe dar, hacer o no hacer algo en favor de otro u otros (acreedor/es).

De cualquier definición siempre resulta un vínculo (relación jurídica), establecido entre dos o más personas, a través del cual unos (acreedores) tendrán el derecho de exigir de otros (deudores) el cumplimiento de determinada prestación, y en consecuencia, los deudores estarán obligados a cumplir dichas prestaciones. Por tanto, *la obligación faculta al acreedor para exigir del deudor una prestación y se cumple de conformidad con el título que las origina.* (Código Civil cubano, artículo 233).

✎ Ejercicios ✍

1. Lectura y comprensión
- Lea e interprete el texto.

1.1. Preguntas sobre el texto
- El significado del término obligación.
- La naturaleza y el contenido de la obligación.

2. Interpretación y resumen
Resuma en un párrafo la idea central del texto.

3. Traducción
Traduzca el texto al idioma portugués

«Texto 4»

Área escogida: "Ciencias Jurídicas".

Asunto escogido: "Cuestiones vinculadas al Derecho Constitucional".
Tema escogido: "Normas constitucionales".

"Normas constitucionales"

1ª) "Los consumidores y usuarios de bienes y servicios tienen derecho, en la relación de consumo, a la protección de su salud, seguridad e intereses económicos; a una información adecuada y veraz; a la libertad de elección y a condiciones de trato equitativo y digno.

Las autoridades proveerán a la protección de esos derechos, a la educación para el consumo, a la defensa de la competencia para toda forma de distorsión de los mercados, al control de los monopolios naturales, al de la calidad y eficiencia de los servicios públicos, y a la constitución de asociaciones de consumidores y usuarios.

La legislación establecerá procedimientos eficaces para la prevención y solución de los conflictos, y los marcos regulatorios de los servicios públicos de competencia nacional, y previendo la necesaria participación de las asociaciones de consumidores y usuarios y de las provincias interesadas en los organismos de control". (Constitución de la Nación Argentina de 22 de Agosto de 1994, artículo 42)

2ª) "El orden económico debe responder esencialmente a principios de Justicia Social que tiendan a asegurar a todos los habitantes del país una existencia digna del ser humano.

El Estado promoverá el desarrollo económico y social mediante el incremento de la producción, la productividad y la racional utilización de los recursos, con igual finalidad, fomentará los diversos sectores de la producción y defenderá el interés de los consumidores". (Constitución de la República del Salvador de 15 de diciembre de 1983, artículo 101)

✍ Ejercicios ✍

1. Lectura y comprensión
- Lea e interprete el texto.

1.1. Preguntas sobre el texto
- ¿En qué consiste la protección del consumidor?

2. Interpretación y resumen
Resuma en un párrafo la idea central de las normas jurídicas citadas.

3. Traducción
Traduzca el texto al idioma portugués

«Texto 5»

Área escogida: "Ciencias Jurídicas".

Asunto escogido: "Cuestiones vinculadas al Derecho Penal".
Tema escogido: "Crimen y globalización". [Notas tomadas de: Folha de São Paulo del Domingo 11 de julio de 1999, p 16. "Calidad de Vida"].

"El crimen está globalizado"

Los mercados de capitales no regulados, los avances de las tecnologías de información y comunicación y los transportes más baratos tornan los flujos más fáciles, rápidos y limitados, no sólo para el desarrollo de la medicina, sino también para la comercialización de las drogas; no apenas para el desarrollo de la literatura, sino para lavar dinero sucio y la venta de armas.

Se calcula en US $ 1,5 trillón por año el volumen invertido en negocios derivados del crimen organizado, lo que da aproximadamente el doble del tamaño de la economía brasileña. Sólo el comercio ilegal de drogas, en 95, era estimado en 8% del total del comercio mundial, más de lo que el comercio de vehículos motorizados o de hierro o acero. El lavado de dinero sucio también registra cifras imponentes: entre 2% y 5% del PIB mundial, conforme cálculos del FMI. Se dice, por ejemplo que el lavado de dinero esconde los rastros del crimen en una cuestión de segundos, con el solo uso de una tecla del computador.

Se concluye que la globalización no es apenas un fenómeno económico, pues la delincuencia también recoge sus beneficios.

✎ Ejercicios ✍

1. Lectura y comprensión
- Lea e interprete el texto.

1.1. Preguntas sobre el texto
Explique el vínculo que existe entre la globalización y la criminalidad.

2. Interpretación y resumen
Resuma en un párrafo la idea central del texto.

3. Traducción
Traduzca el texto al idioma portugués

«Texto 6»

Área escogida: "Ciencias Jurídicas".

Asunto escogido: "El acto jurídico".
Tema escogido: "Acto ilícito civil y penal".

"Acto ilícito"

Con frecuencia, la conducta contraria a derecho contiene, a la vez, una vulneración de derechos subjetivos ajenos, pero esto no ocurre en todos los casos. (CLEMENTE, Tirso, 1984, p 266)

El acto ilícito penal puede generar diversas consecuencias legales, pero, además, genera una consecuencia especial: "la pena", que consiste en un mal para el autor del hecho antijurídico (a su persona o a su patrimonio).

Intrínsecamente considerado, el acto ilícito civil lesiona de modo principal los intereses del individuo o del grupo sobre el cual recae, por lo que las normas sancionadoras del Derecho Civil tienen el cometido fundamental de proteger al individuo, a su patrimonio y a la integridad del ordenamiento jurídico.

El acto ilícito penal representa en modo principal un daño o peligro social de carácter general. Las sanciones del Derecho Penal se aplican donde resultan insuficientes las del Derecho Civil, llenando el Derecho Penal las lagunas o insuficiencias del Derecho Civil.

Los actos ilícitos civiles, aún cuando reúnan siempre las características generales de todo acto ilícito, a saber, antijuridicidad y culpabilidad, admiten, por razón de los matices que cada una de éstas puede revestir, varias subdivisiones. Así, de acuerdo con la modalidades de la culpabilidad existen: a) actos dolosos (violaciones causadas de propósito, con plena voluntad o conciencia); b) actos culposos en sentido estricto (violaciones realizadas por mera negligencia). (CLEMENTE, Tirso, 1984: p 271)

✎ Ejercicios ✍

1. Lectura y comprensión
- Lea e interprete el texto.

1.1. Preguntas sobre el texto
- Las diferencias que existen entre el acto jurídico penal y civil.

2. Interpretación y resumen
Resuma en un párrafo la idea central del texto.

3. Traducción
Traduzca el texto al idioma portugués.

«Texto 7»

Área escogida: "Ciencias Jurídicas".

Asunto escogido: "Cuestiones vinculadas al Derecho Laboral".
Tema escogido: "Naturaleza del Derecho Laboral".

"Naturaleza del Derecho Laboral"

La legislación laboral reglamenta principios y reglas por los cuales se rige el Derecho Laboral, estando sus normas orientadas a la protección de las relaciones jurídicas que se establecen entre los trabajadores y las entidades o empresas privadas y estatales por razón de un contrato de trabajo.

El acuerdo que se establece entre un trabajador y la entidad laboral es representativo de una relación jurídica, en virtud de la cual el trabajador (empleado) se compromete a ejecutar un trabajo en una ocupación o cargo determinado y a observar las normas de disciplina laboral, por otro lado, la entidad o empresa se obliga a pagar un salario al trabajador y a garantizarle las condiciones de trabajo y derechos laborales que establece la Ley, el convenio de trabajo y el reglamento interno de la entidad. Así, podemos decir que las normas del Derecho Laboral regulan relaciones establecidas entre particulares y entre estos y las entidades públicas (personas naturales y jurídicas).

✍ Ejercicios ✍

1. Lectura y comprensión
- Lea e interprete el texto.

1.1. Preguntas sobre el texto
- El objeto de regulación de las legislaciones laborales.

2. Interpretación y resumen
Resuma en un párrafo la idea central del texto.

3. Traducción
Traduzca el texto al idioma portugués.

«Texto 8»

Área escogida: "Ciencias Jurídicas".

Asunto escogido: "Cuestiones vinculadas al Derecho del Consumidor".
Tema escogido: "Naturaleza del Derecho del Consumidor".

"Naturaleza del Derecho del Consumidor"

El Derecho del Consumidor, como derecho especial, es objetivamente el resultado de un nuevo movimiento internacional de defensa al consumidor, que comienza a hacerse sentir aproximadamente a principios del siglo XX. A decir verdad, sus primeras manifestaciones estuvieron muy ligadas a las luchas generadas en el sector laboral por los obreros, a través de los reclamos de mejores condiciones de trabajo y superiores salarios. Así, con el interés de proteger a los más débiles frente a los más fuertes, hace ya algún tiempo se viene intentando en muchos países (comenzando por los más desarrollados), tutelar las relaciones socioeconómicas y jurídicas que se constituyen entre los productores y los consumidores.

La necesidad de proteger los derechos de los consumidores se hizo sentir poco después de la Segunda Guerra Mundial cuando, con el afán de obtener mayores ventas y ganancias, los productores y distribuidores desarrollaron una carrera desenfrenada mediante la propaganda y la publicidad, engañando con ello a los ciudadanos que emitían su voluntad para adquirir productos y servicios, con el objeto de satisfacer así sus necesidades primarias.

Surge el Derecho de los consumidores, "en la medida en que se le impone a los fabricantes o intermediarios, respectivamente, la responsabilidad por la calidad de sus productos y la transparencia de sus defectos al público, y el Estado interviene para evitar que cláusulas contractuales sean impuestas unilateralmente por los productores y vendedores a los adquirentes de bienes de consumo para uso propio". (WALD, Arnoldo, 1995: p 525).

✎ Ejercicios ✍

1. Lectura y comprensión
- Lea e interprete el texto.

1.1. Preguntas sobre el texto
- *¿Por qué surge el Derecho del Consumidor?*
- *La naturaleza jurídica del Derecho del Consumidor.*

2. Interpretación y resumen
Resuma en un párrafo la idea central del texto.

3. Traducción
Traduzca el texto al idioma portugués.

«Texto 9»

Área escogida: "Ciencias Jurídicas".

Asunto escogido: "Cuestiones vinculadas a la Filosofía e Historia del Derecho".
Tema escogido: "Conclusiones tomadas de la obra de Montesquieu. *El espíritu de las Leyes*. La Habana: Ciencias Sociales, 1976".

"Montesquieu"
[Sobre la creación de la ley]

Los que poseen bastantes luces para poder dar leyes a su nación o a otra, han de tener a la vista ciertas reglas en la manera de formarlas:

1ª) El estilo debe ser conciso. Las leyes de las Doce Tablas son un dechado de precisión: los niños las aprenderían de memoria. Las de Justiniano eran difusas, por lo que fue necesario compendiarlas.

2ª) Además de lacónico, el estilo de las leyes ha de ser sencillo; la expresión directa se comprende siempre mejor que la figurada. Las leyes del Bajo Imperio carecen de majestad: el príncipe se expresa en ellas como un retórico. Si es hinchado el estilo de las leyes, parecen éstas una obra de ostentación.

3ª) Lo esencial es *que la letra de las leyes despierte las mismas ideas en todos*. El cardenal Richelieu convenía en que a un ministro pudiera acusársele ante el rey; pero agregaba que era preciso castigar al acusador si no eran importantes los cargos comprobados. El concepto de la importancia es relativo: lo importante para uno puede no serlo para otro". (MONTESQUIEU, 1976: p 610)

4ª) "Si la ley expresa las ideas con fijeza y claridad, no hay para qué volver sobre ellas con expresiones vagas. En las leyes se debe racionalizar de lo real a lo real y no de lo figurado a lo real, ni de lo real a lo figurado". (MONTESQUIEU, 1976: p 610)

✎ Ejercicios ✍

1. Lectura y comprensión
- Lea e interprete el texto.

1.1. Preguntas sobre o texto
De acuerdo con los criterios del citado autor refiérase a:
- *Algunas de las reglas para la creación de la ley.*
- *Algunas de las reglas para la derogación, interpretación y aplicación de la ley.*
- Los criterios sobre la administración, gobierno, comercio y libertad.

2. Interpretación y resumen
Resuma en párrafos las ideas centrales de cada tópico.

3. Traducción
Traduzca el texto al idioma portugués.

«Texto 10»
(Cuestiones vinculadas al Derecho Internacional)

Área escogida: "Ciencias Jurídicas".

Asunto escogido: "Cuestiones vinculadas al Derecho Internacional".
Tema escogido: "El principio de la autodeterminación de los pueblos"

"El derecho a la autodeterminación y la integración"

Uno de los temas más importantes abordado por el Derecho Internacional, sin lugar a dudas ha sido la autodeterminación de los pueblos, y las consecuencias negativas de su falta de reconocimiento; tema muy ligado al ya conocido principio de soberanía nacional, cuyo significado contiene al derecho de los pueblos para decidir sobre su destino, a darse el gobierno de su preferencia por ser dueño a su vez de sus fronteras, a decidir sobre su organización socioeconómica y política, y sobre las direcciones que han de tomar sus relaciones internacionales.

Este principio posee un carácter universal y por su dimensión siempre perteneció y pertenece a toda la humanidad; esto es, a todo grupo humano que, de manera independiente, decide actuar en concordancia con sus intereses nacionales. Así, forma parte de la autodeterminación de los pueblos el derecho de determinar libremente la condición política con relación al desarrollo económico, social y cultural.

Hoy, las transformaciones económicas, las limitaciones de recursos naturales y escaso desarrollo industrial heredado de los regímenes coloniales y neo-coloniales hacen que se considere a la integración económica como importante alternativa; mas la integración económica será realidad cuando sean materializados el reconocimiento de la soberanía nacional y el respeto del derecho a la autodeterminación de cada país.

✎ Ejercicios ✍

1. Lectura y comprensión
- Lea e interprete el texto.

1.1. Preguntas sobre el texto
De acuerdo con el contexto. Explique:
- ¿En qué consiste el principio de la autodeterminación?
- El vínculo que existe entre la autodeterminación y la integración.

2. Interpretación y resumen
Resuma en párrafos las ideas centrales de cada tópico.

3. Traducción
Traduzca el texto al idioma portugués.

Bibliografía

AGUILÓ Regla, Josep. “Técnica legislativa y documentación automática de legislación”. Informática y Derecho. Milán. Ed. Riccardo Anastini.

AQUILINO Iglesia, Ferreirós. “La creación del Derecho. Una historia de la formación de un derecho estatal español”. Manual I. España: Signo, 1992.

BOBBIO Norberto. “Teoría General del Derecho”. Bogotá: Temis, 1987.

CALDEIRA Xavier, Ronaldo. “Latim no Direito”. Rio de Janeiro: Forense, 1996.

CARNELUTTI, Francisco. “Sistema de Derecho Procesal Civil”. Buenos Aires. Argentina 1944.

CARRIÓ, Genaro R.. “Notas Sobre Derecho y Lenguaje”. 2. ed. Buenos Aires: Abeledo-Perrot, 1990.

CLEMENTE, Tirso. “Derecho Civil Parte General”. Ciudad de la Habana, t. 2, 1984.

Colectivo de autores. “Curso de español para extranjeros. Nivel Elemental”. Madrid: Sociedad general española de librería, 1995.

Colectivo de autores. “Curso de español para extranjeros. Nivel Elemental”. Cuaderno de Ejercicios. Madrid: Sociedad general española de librería, 1995.

Colectivo de autores. “Curso de español para extranjeros. Nivel Elemental. Guía didáctica”. Madrid: Sociedad general española de librería, 1995.

Colectivo de autores. “Curso de español para extranjeros. Nivel Medio”. Madrid: Sociedad general española de librería, 1996.

Diccionario Enciclopédico. Larousse. México, 1994.

ENNECCERUS, Ludwig. “Derecho de obligaciones”. Doctrina especial. Barcelona: Bosch, 1944.

ERNANI Terra e José de Nicola. “Gramática de hoje”. 6 ed. São Paulo: Scipione, 1999.

PLATÃO Savioli, Francisco. “Gramática em 44 lições”. 2 ed. São Paulo: Ática, 1980.

SECO, Rafael. “Manual de gramática española”. La Habana: Osvaldo Sánchez, 1973.

TOLEDO Damião, Regina. “Curso de Português Jurídico”. 5 ed. São Paulo: Atlas, 1997.

Printed in Dunstable, United Kingdom

91343660R00073